DER GROSSE HEINZ ERHARDT

Zugeeignet allen denen, die Sinn für Unsinn haben –
aber auch meinem Zipchen, unseren Kindern,
Schwiegerkindern, Enkeln, Urenkeln
und was vielleicht noch alles so kommt …

DER GROSSE
HEINZ ERHARDT

Lappan Verlag

3. Auflage 2009
© 2009 Lappan Verlag GmbH, Oldenburg,
ein Unternehmen der Verlagsgruppe Ueberreuter
www.lappan.de · info@lappan.de

Alle Rechte vorbehalten. Nachdruck, auch auszugsweise,
nur mit besonderer Genehmigung des Verlags

Gestaltung: Monika Swirski

Gesamtherstellung: Bercker Graphischer Betrieb GmbH & Co. KG

ISBN 978-3-8303-3207-7

Nicht immer war ich schon so alt –
das machten erst die Jahre.
Die Stirne wuchs mit dem Verstand
im Laufe meiner Haare.
Nun wünsch ich mir, dass, was ich schrieb,
auch frohe Leser findet,
dann möge dieser Band das Band
sein, welches uns verbindet.

Leitanweisung oder Gebrauchsfaden für die Benutzung des vorliegenden Buches

Wer – durch welche Umstände auch immer – in den Besitz dieses Buches gelangt, ist möglicherweise zunächst unschlüssig, was er damit anfangen soll. Darf ich deshalb im Folgenden einige Richtlinien zur Kenntnis geben?

Wer junge Kinder hat, der überlasse ihnen dieses Buch! Sie können die weißen Stellen mit Männchen bemalen oder die abgebildeten Personen ausschneiden und ihnen lustige Bärte ankleben …

Ganz kleinen Kindern mag dies Buch als Unterlage dienen, falls ein paar Zentimeter bis zur Suppe fehlen …

Sollte der Tisch ein zu kurzes Bein haben: Selbst zur Behebung dieses Notstandes ist dies Buch geeignet – ebenfalls zur Zermalmung lästiger Kerbtiere …

Für ältere Ehepaare jedoch ist es schier unentbehrlich; denn gibt es ein besseres Wurfgeschoss? Allerdings muss der Werfer streng darauf achten, dass sich der Gegenwind während des Fluges nicht in den Seiten verfängt und dadurch die Flugbahn des Geschosses verändert oder gar bremst!

Aus diesen kurzen Beispielen ist ersichtlich, wie nutzbringend die lächerlichen paar Mark, die dies Druckerzeugnis gekostet hat, angelegt sind …

Und nun kommt die große Überraschung: Man kann in diesem Buch auch lesen!

Das Schwarze sind die Buchstaben!

Man lese sie am zweckmäßigsten reihenweise von links nach rechts; denn wollte man es von rechts nach links tun,

.nies tkcurdeg murehsredna eis netssüm nnad

Da sich aber in Europa das Von-links-nach-rechts-Lesen immer mehr einbürgert, haben wir es bei dieser Lesart belassen.

Um einen möglichst großen Leserkreis zu erfassen, hat der Autor besondere Rücksicht auf die Diabetiker genommen: Man wird das Wort *Zucker* vergeblich suchen! Auch hat er für diejenigen, die an Übergewicht leiden oder Diät leben müssen, Fett Gedrucktes vermieden!

Bevor ich jedoch mein Musenkind der Öffent- und damit der Lächerlichkeit preisgebe, muss ich schnell mal brechen – und zwar eine Lanze für jene Leser, die mehr der *abstrakten* Kunst zugeneigt, also mit meinen gegenständlich primitiven Gedanken, Worten und Sätzen nicht viel anzufangen wissen, sind!

Diesen bleibe es unbenommen, Wortfolgen nachstehender Machwerke willkürlich aus den Satzgebilden herauszulösen, ja, selbst einzelne Buchstaben innerhalb eines Wortes beliebig umzustellen und die Zeilen grafisch aufzulockern. Als Beispiel möge der Anfang des Gedichts *Zellen* (Seite 308) dienen:

l
e   enl   äle   f   benle   komm   t
   z   sad   alfulae   sau   eizell=

ner, . ? ! : ; usw. usw.

Auch der unbefangene Leser wird zugeben müssen, dass so dieses Buch für den modernen Menschen über Jahre hinaus anregend bleibt! Was man nicht von jedem Werk unsrer Literatur behaupten kann …

Inhalt

Klassisch-Erstklassisches

Zeus

Im Himmel machte er die Blitze,
auf Erden aber lieber Witze,
so hatte er, als Tier verwandelt,
sehr oft mit Damen angebandelt!

Einst näherte er sich – als Stier! –
Europa und sprach keck zu ihr:
»Ich bin der Zeus! Macht keine Zicken
und setzt Euch hier auf meinen Rücken!
Halt't Euch am Horne fest und flieht
mit mir dorthin, wos keiner sieht!«
Erst zierte sich das Mädchen sehr – – –
dann weniger – dann wieder mehr – –
da wurde es selbst Zeus ganz klar,
wie *uneinig* Europa war!
Und es ist gar nicht übertrieben,
zu sagen, es sei so geblieben! –

Durch alte Schriften ist belegt,
dass Vater Zeus fast unentwegt
nach unten kam, sich abzulenken –
statt oben ans Regiern zu denken,
bis seine Frau, die Hera hieß,
ihn einfach nicht mehr runterließ.
Im Himmel aber, da verlor
er jeden Sinn für den Humor –

drum hört man auch vom alten Zeus
nichts Neu's!

Nero

Nero war nicht nur ein Kaiser,
sondern auch fast immer heiser,
was hauptsächlich daran lag,
dass bei Nacht er und bei Tag,
je nachdem, wo etwas los war –
wenns auch eine Kirmes bloß war,
kurz: bei jeder frohen Feier –
Lieder sang zu seiner Leier
und das stets mit vollem Ton,
denn noch gabs kein Mikrofon.

Selbst als Rom hellodernd brannte
und das Volk sich an ihn wandte,
stand er mittendrin im Dampfe,
sang Couplets und schlug die Klampfe.

Er war in der Welt des Scheins
eine, wenn auch heisre, Eins;
sonst jedoch war Kaiser Nero
– unter uns gesagt! – ein Zero.

Kolumbus

Als Kolumbus von seiner Amerikafahrt
nach Spanien heimkam mit Gold und mit Bart
und, hoch geehrt und umjubelt, schritt
durch die Hauptstadt des Landes, nämlich Madrid,
entdeckte er plötzlich da drüben rechts
eine hübsche Person femininen Geschlechts.
Bei ihrem Anblick – was war schon dabei –
entschlüpfte ihm was, und zwar das Wort »ei« …

Seitdem sind die Forscher sich darüber klar,
dass das das »Ei« des Kolumbus war!

Zwei Schulaufsätze

Glocken

O Glocke! Du hängst am Turm und läutest.

Dein Läuten läutert die Leute, doch Friedrich Schiller hat dich bereits mehr lang als breit bedichtet. Aber auch du, kleine Glocke am Wecker, verdienst unsere Liebe. Jeden Morgen erweckst du uns und damit in uns das Gefühl der Dankbarkeit dafür, dass wir endlich wieder unserer geliebten Arbeit nachgehen dürfen.

Nur dich, die du keinen Laut von dir gibst, dich, Käseglocke, hat noch kein Dichter besungen; denn du stehst in schlechtem Geruch.

Dabei bist du so wichtig: *Alles* ist Käse!

Goethe und die Fliege

War Goethe ein größeres Wunder als eine kleine Fliege? – Das ist hier die Frage!

Sieh, wie sie so an der glatten Wand entlangwandelt, als sei das die einfachste Sache von der Welt, und sieh, wie sie ihr Gefieder glättet und sich mit dem hintersten Bein ganz vorn am Kopf kratzt.

Und jetzt, jetzt erhebt sie sich gar in die Lüfte und flattert durchs Zimmer. Und nun nimmt sie auf dem westöstlichen Diwan Platz. Doch nicht lange. Schon wieder durchpflügt sie den Raum und landet schließlich, etwas echauffiert, auf deiner Nase.

Konnte das Goethe?

Das Pechmariechen

Zu Ostern in Hersfeld die Mutter spricht:
»Bald ist es Zeit fürs Festtagsgericht!
Drum gehe, Mariechen, hinab in den Keller
und fülle mit Sauerkraut hier diesen Teller!«

»O Mutter, o Mutter, mir träumte neulich
von einem Mann – der Mann war abscheulich …!
Ach, lass uns den Keller vergessen:
woll'n wir was anderes essen!«

»Mein Kind, mein Kind, ich seh es genau:
Du kommst in die Jahre, wirst langsam Frau,
siehst überall Männer, die lauern –
geh, hol von dem Kraut, von dem sauern!«

Mariechen tut es – sie schreitet hinab,
hinab in den Keller, der finster wie's Grab – !
Hier füllt sie den Teller, den Teller von Blech – –
doch so lang sie auch füllt, 's kommt kein Mann!
So'n Pech! (Darum: Pechmariechen!)

Das Unwetter*

Urahne, Großmutter, Mutter und Kind
in dumpfer Stube versammelt sind. –

Da, plötzlich hört man ganz von ferne
ein leises Grollen. Mond und Sterne
verhüllen sich mit schwarzen, feuchten
Wolkenschleiern. Blitze leuchten.
Und es sind versammelt in dumpfer Stube
Urahne, Großmutter, Mutter und Bube. –

Das Gewitter kommt näher mit Donnerschlag –
und noch fünf Minuten bis Donnerstag!

Es heult der Sturm, es schwankt die Mauer;
der Regen prasselt, die Milch wird sauer –
und in dumpfer Stube – man weiß das schon –
sind Urahne, Großmutter, Mutter und Sohn.

Ein furchtbarer Krach! Ein Blitz schlägt ein!
Der Urahne hört was und sagt: »Herein« –
Die dumpfe Stube entflammt und verglimmt
mit Urhammel, Großbutter, Butter und Zimt …

---

* Frei nach Ludwig Uhland, dem Erfinder der
  gleichnamigen Straße.

Archimedes

Jaja! Der weise Archimedes
ging stets zu Fuß, ging stets per pedes.
Doch ging er auf besondre Weise:
Er ging hauptsächlich nur im Kreise.

Die Gangart hatte sich nach Wochen
in Syrakus herumgesprochen,
weshalb – es ist gut zu verstehn –
die Menge kam, sichs anzusehn.
Doch dies gefiel dem Greise nicht!
Er sprach: »Stört meine Kreise nicht!«

Jaja! Der weise Archimedes
ging stets zu Fuß, fuhr nie Mercedes.

Die Entstehung der Glocke von Schiller

oder

Warum Schillers Glocke keinen Klöppel hat

Am 31. Februar 17... saßen Schiller, Goethe und Eckermann beim Skat. Im Kamin knisterte traurig ein Buchenscheit, und eine müde Tranfunzel verbreitete teils Geruch, teils Licht. Aber Geheimrat Goethe haderte nicht, sondern liebte den trüben Schein des Trans*.

Die drei Herren saßen also beim Skat und auf weichen Plüschsesseln – nach dem Motto: Noblesse o'Plüsch. Goethe hatte gerade Schellen** gereizt, als Schillers Augen plötzlich heller strahlten als die der Funzel und er anhub, also zu sprechen: »Verzeihen Sie, Herr Geheimrat, bei Ihrem Gebot ›Schellen‹ fiel mir eben etwas Wichtiges ein: Könnten Sie mir mal flugs Ihren Gänsekiel leihen?« Goethe, der gerade gereizt hatte, war nun selber gereizt: »Aber, lieber Schiller, wozu brauchen Sie denn gerade *jetzt* meinen Gänsekiel?« Schiller: »Weil mir beim Wort ›Schellen‹ der Gedanke kam, ich könne mal ein Gedicht über die ›Glocke‹ schreiben. Und um dieses kleine Gedicht zu Papier bringen zu können, brauche ich Ihren Gänsekiel. Weil ich meinen nämlich nicht bei mir habe!« Goethe, indem er die Karten auf den Tisch und seine Stirn in Falten legte, sagte: »Das mit der Glocke ist eine gute Idee! Wir Klassiker können unsere Werke nicht oft genug an die große Glocke hängen! Habe ich nicht Recht, Eckermann?« Eckermann, der für Goethe so etwas Ähnliches war wie Dr. Watson für Sher-

---

* Erst kurz vor seinem Ableben verlangte es ihn nach mehr Licht.
** Deutsche Klassiker bedienten sich selbstverständlich deutscher Spielkarten!

---

lock Holmes, antwortete: »Jawohl, Herr Geheimrat!« – »Nun denn«, fuhr Goethe fort, »hier haben Sie meinen Gänsekiel! Wir paar Dichter müssen zusammenhalten! Und während Sie sich, Friedrich Schiller, von der Muse küssen lassen, werden ich und Eckermann Sechsundsechzig spielen!«

Nachdem die beiden ungefähr 2 Stunden lang dem 66 gefrönt hatten und Goethe alle Spiele gewann, weil Eckermann bei ihm weder 20 noch 40 noch sonst was zu melden hatte, sprach plötzlich Goethe, indem er erst den Blick und dann sich selbst erhob: »Halt, Herr Schiller! Nun muss ich aber schleunigst meinen Gänsekiel zurückhaben; denn soeben fiel mir ein, dass ich im 2. Teil meines ›Faust‹ einige Sätze zu stehen habe, die ich sofort ändern muss, weil sie der *Unverständlichkeit* entbehren! Bei einem Dichter meines Formats wirken nur *unverständliche* Sätze verständlicherweise selbstverständlich! Notieren Sie diesen Ausspruch, Eckermann!« – »Jawohl, Herr Geheimrat!« – »Außerdem«, setzte Goethe den Vortrag fort und sich wieder hin, »außerdem wird Ihre Glocke zu lang, wenn Sie nicht augenblicklich mit dem Dichten nachlassen! Denken Sie doch an all die lieben Schulkinderchen, die Ihre Glocke dermaleinst vielleicht werden auswendig lernen müssen!« – – –

So verdanken wir eigentlich *Goethe* die Entstehung dieses schillerschen Werkes – aber auch den erfreulichen Umstand, dass dieses Gedicht nicht *noch* länger wurde – aber auch die betrübliche Tatsache, dass Schiller keine Zeit mehr hatte, das Werden und die Nutzanwendung des für eine Glocke doch so notwendigen *Klöppels* zu schildern!

Vielleicht wusste er damals schon, dass seine Glocke gar keine Gelegenheit haben würde, jemals mit eherner Zunge zu reden – denn, wie sagt der Dichter: *Friede* sei ihr erst Geläute …

Der Tauchenichts
(frei nach Schillers »Taucher«)

»Wer wagt es, Knappersmann oder Ritt,
zu schlunden in diesen Tauch?
Einen güldenen Becher habe ich mit,
den werf ich jetzt in des Meeres Bauch!
Wer ihn mir bringt, ihr Mannen und Knaben,
der soll meine Tochter zum Weibe haben!«
  Der Becher flog.
  Der Strudel zog
  ihn hinab ins gräuliche Tief.
  Die Männer schauten,
  weil sie sich grauten,
  weg. – Und abermals der König rief:
»Wer wagt es, Knippersmann oder Ratt,
zu schlauchen in diesen Tund?
Wers wagt – das erklär ich an Eides statt –
darf küssen mein's Töchterleins Mund!
Darf heiraten sie und mein Land verwalten!
Und auch den Becher darf er behalten!«
  Da schlichen die Mannen
  und Knappen von dannen.
  Bald waren sie alle verschwunden – – –
  Sie wussten verlässlich:
  Die Tochter ist grässlich! –
  Der Becher liegt heute noch unten …

Der König Erl

(Frei nach Johann Wolfgang von Frankfurt)

Wer reitet so spät durch Wind und Nacht?
Es ist der Vater. Es ist gleich acht.
Im Arm den Knaben er wohl hält,
er hält ihn warm, denn er ist erkält'.
Halb drei, halb fünf. Es wird schon hell.
Noch immer reitet der Vater schnell.
Erreicht den Hof mit Müh und Not –
der Knabe lebt, das Pferd ist tot!

Das Weidenrösslein
(Nicht ganz so frei nach Joh. Wolfg. Amad. v. Goethe)

Sah ein Knab ein Rösslein stehn,
Rösslein auf der Weiden.
War schon alt und gar nicht schön,
und es konnte kaum noch sehn,
doch er sahs mit Freuden.
Rösslein, Rösslein, Rösslein braun,
Rösslein auf der Weiden.

Knabe sprach: »Wie schön ists heut,
Rösslein auf der Weiden!
Keine böse Wolke dräut,
alles ist voll Heiterkeit,
und die Luft ist seiden.
Rösslein, Rösslein, Rösslein braun,
Rösslein auf der Weiden!«

Rösslein sah ihn traurig an,
Rösslein auf der Weiden:
»Dort kommt schon der Bauersmann,
spannt mich vor den Wagen an,
schlägt mich mit der Peitsche dann,
bis ich nicht mehr weiterkann –
muss so viel erleiden . . . !«
Rösslein, Rösslein, Rösslein braun,
Rösslein auf der Weiden.

Die Polizei im Wandel der Zeiten

Solange wir Menschen auf Erden leben,
hat es schon immer Polizei gegeben!

Es ist ja bekannt, dass der erste Polizist
der Erzengel Gabriel gewesen ist.
Er hat uns, so steht es im Buche geschrieben,
eines Apfels wegen aus dem Paradiese vertrieben.
Seitdem fühlt die Polizei – grad bei Kleinigkeiten –
sich bemüßigt, gar strenge einzuschreiten!

Schon im alten Rom – so vor 2000 Jahren –
wurde manchmal etwas zu schnell gefahren,
also wars klar, dass der uniformierte
Beamte sich erst mal die Nummer notierte.
Dann drohte er mit erhobenem Finger
und sagte: »Na, Sie machen ja schöne Dinger!«
Hierbei bediente er sich, wie alle Einwohner Roms,
natürlich des lateinischen Idioms.

Die Jahrhunderte waren dahingegangen
und das 20. hatte angefangen!
Es wuchs die Bildung, der Schnurrbart, die Gartenlaube,
es wuchs aber auch die Pickelhaube!
Es hagelte Schimpfe und Strafmandate:
Die Polizei war ein richtiger Staat im Staate!
Und die Bürger sagten zwischen Weinen und Lachen:
»Nee, mit *dem* Staat ist kein Staat zu machen!«

Das 2. und 3. Reich waren zerronnen!
Es war alles verloren – nur *eines* gewonnen,
nämlich die Überzeugung: Es muss hier auf Erden
alles – auch die Polizei muss anders werden!
Sie hat sich entbartet, sie hat sich entpickelt,
sie hat sich zum Freunde und Helfer entwickelt!
Hilft freundschaftlich tragen des Bürgers Last:
Sie fasst nicht mehr *fest* – sie fässt nur noch *fast!!*
Sie drückt oft ein Auge zu bei kleinen Vergehn,
von den vielen Ausnahmen natürlich abgesehn!

An dich

Liebe Friederike Kempner*!
Als ein weiblich-zarter Klempner
lötest du der Worte Klang,
der dir aus dem Innern drang,
aneinand – mal kurz, mal lang.

Darum Dank den Vorefahren,
die nicht nur aus Schlesien waren,
sondern dich auch dort gebaren!

Unsrer Seele tiefen Schacht
hast du voll gemacht!

* *1836 dem Ei entschlüpft, 1904 als »schlesischer Schwan«
eingegangen – auch in die Literaturgeschichte. Freiwilllige
Erfinderin des unfreiwilligen Humors.*

Mona Lisa und die Maler

Zu Tizian, dem Maler, schlich
die holde Mona Lisa, und
sie bat ihn: »Bitte maln Sie mich
von vorne – und auch recht schön bunt!«

Der Meister brauchte grade Lire,
drum antwortete er: »Si, Si!
Doch eh die Leinwand ich beschmiere –
wie viel, Madame, bezahlen Sie?«

Da rief sie voll Impertinenz:
»Sie wollen Geld von mir, wieso?
Jetzt gehe ich zur Konkurrenz,
und zwar zu Michelangelo!«

Der war nun leider nicht zu Hause …
»Ja, wen«, so dacht sie, »gibt es noch?
Ob ich mal schnell nach Holland sause –
zu Rembrandt oder zu van Gogh?«

Es fehlte ihr an Zeit, wies schien,
und auch an finanzieller Kraft,
so blieb ihr nur noch der da Vin-
ci, und der hats denn auch geschafft!

Er bracht ihr Lächeln gut zuwege,
die ganze Kunstwelt war besiegt –
verzeiht drum, wenn ich Zweifel hege:
Hätt's nicht ein anderer Kollege
vielleicht doch besser hingekriegt?

Der Muselmann

Es war einmal ein Muselmann,
der trank sich einen Dusel an,
wann immer er nur kunnt.
Er rief dann stets das Muselweib,
wo es denn mit dem Fusel bleib,
denn Durst ist nicht gesund.
Und brachte sie die Pulle rein,
gefüllt mit süßem Muselwein,
    dann trank er
    und trank er,
    hin sank er
    als Kranker,
    bis Gott sei Dank er
unterm Tische verschwund.

Der Fischer

(Frei nach Johann Sebastian Goethe)

Das Meer ist angefüllt mit Wasser
und unten ists besonders tief,
am Strande dieses Meeres saß er,
d.h., er lag, weil er ja schlief.
Und nun noch mal: Am Meere saß er,
d.h., er lag, weil er ja schlief,
und in dem Meer war sehr viel Wasser
und unten wars besonders tief.

Da plötzlich teilten sich die Fluten,
und eine Jungfrau kam herfür,
auf einer Flöte tat sie tuten,
das war kein schöner Zug von ihr.
Dem Fischer ging ihr Lied zu Herzen,
obwohl sie falsche Töne pfoff – – –
man sah ihn in das Wasser sterzen,
dann ging er unter und ersoff.

Ein mytho-unlogisches Gespräch

A. Ich habe bei mir zu Hause ein Aktfoto hängen. Drunter steht »Die Ledige mit dem Schwein«. Kennen Sie das?

B. Sie meinen sicher »Die Leda mit dem Schwan«?

A. Ach ja, richtig! Ein Schwan kommt auch drauf vor! Und wer ist diese »Leda«?

B. Leda war die Mutter der »schönen Helena«.

A. Wieso »war«? Ist sie tot?

B. Aber natürlich!

A. Erzählen Sie mir doch mal was von der Familie!

B. Also das war so! Eines Tages schiffte sich Menelaus, der Gatte der Helena, nach Kreta ein.

A. Und Helena blieb zu Hause?

B. Ja, in ihrem Schlafgemach. In der Mitte stand ein großes Ruhebett und links der Armleuchter.

A. Ich denke, Menelaus war weg?

B. Nein, ein wirklicher Armleuchter stand da. – Und plötzlich wurde ihr Páris gemeldet!

A. Ach, der mit dem Apfel?

B. Bravo, woher wissen Sie denn das?

A. Na, Páris war doch der, der auf dem Berge Aida der Schönsten mit der Armbrust einen Apfel vom Kopf schoss!

B. Das verwechseln Sie leider mit Wilhelm Tell – aber immerhin! – Außerdem hieß der Berg Ida! – Na schön! Páris beschloss, Helena mit List zu erobern.

A. Ach, Klavier spielen konnte er auch?

B. Das weiß ich nicht! Jedenfalls aber nahm er sie mit nach Troja.

A. Ach so ja.

B. Und wissen Sie, wodurch Troja berühmt geworden ist?

A. Durch die Trojabohnen!

B. Nein, durch den Trojanischen Krieg! Die einstmals so stolze Stadt wurde völlig zerstört – und heute ist die Fläche, auf der sie stand, eben!

A. Eben!

Vom Alten Fritz

Vom Alten Fritz, dem Preußenkönig,
weiß man zwar viel, doch viel zu wenig.

So ist es zum Beispiel nicht bekannt,
dass er die *Bratkartoffeln* erfand!

Drum heißen sie auch – das ist kein Witz –
Pommes Fritz!

Tierisch-Satirisches

Den Unverstandenen

Stumm ist der Fisch, doch nicht nur er:
Auch einen Wurm verstehst du schwer.

Selbst deines treuen Hunds Gebell
entzifferst du nicht immer schnell.

Und bei den Rindern, Hühnern, Schweinen
kannst du nur raten, was sie meinen.

Drum spreche ich als Anwalt hier
für jedes unverstandne Tier.

(Fürn Papagei brauch ich das nicht,
weil er ja für sich selber spricht.)

Der Hirschkäfer

Ein Hirschkäfer, der weidete
mit seinen siebzehn Rehen,
und jedermann beneidete
ihn um die vielen Ehen.

Da kam der Knabe Fritz heran –
die Rehkäfer entkamen;
der Hirsch jedoch griff mutig an,
zu schützen seine Damen!

Er musste sterben. – Mit der Lei-
che rannte heim der Bube – – – !
Jetzt ziert des Käfers Hirschgeweih
Schwesterchens Puppenstube …

Tatü, tatü

Die Jagd beginnt! – Tatü, tatü!,
ertönt es aus dem Horne.
Der Jäger tutet hinten rein,
dann kommts Tatü von vorne.

Der Jäger nimmt zwei Gläser mit:
Am einen kann er drehen,
dann kann er das, was weiter weg,
ganz nah und deutlich sehen.
Das andre Glas ist dazu da,
den Schnaps daraus zu trinken –
die Flasche ist im Rucksack drin
gleich neben Brot und Schinken.

Auch eine Flinte hat er mit,
gefüllt mit feinstem Schrote,
und wenn er schießt und gar noch trifft,
gibts bei den Hasen Tote.
Erlegt er aber einen *Hirsch,*
so hängt er als Trophäe
gleich das Geweih ins Wohngemach,
damit es jeder sähe.

Die Jagd ist aus! – Tüta!, so tönt
das Horn aus blankem Bleche.
Der Jäger geht ins Stammlokal –
der Hirsch bezahlt die Zeche.

Das Kälbchen

Es spielt das Kind vom Rind im Wind,
ist guten Mu – Mu – Mutes.
Es kennt nicht Not, nicht den Papa,
nicht den Geruch des Blutes. –

Der Weg ist weit, der Kasten eng –
das Kälbchen ahnt nichts Gutes.
Der Schlächter ist kein schlechter Mann,
doch muss ers tun – und tut es. –

Das Kälbchen existiert nicht mehr –
in unsern Mägen ruht es,
doch nachts erscheint es uns im Traum
und leise muh – muh – muht es.

Stiche

Von Dürers Meisterhand ein Stich
betrachtet, wirkt mehr »äußerlich«,
dagegen dringt, wenn Sie verzeihn,
der Mückenstich weit »tiefer« ein.

Man sieht hieraus, dass ein Insekt
viel mehr kann als der Intellekt.

Der Maus

Der Maus ihr Gatte wurd geschnappt
von einer Mausefalle,
nun war – verdammt und zugeklappt! –
er mausetot für alle.
Die Trauerreden fürn Gemahl,
sie gipfelten im Satze:
»Viel schneller gings auf jeden Fall
mit Falle – als mit Katze!«

Die polyglotte Katze

Die Katze sitzt vorm Mauseloch,
in das die Maus vor kurzem kroch,
und denkt: »Da wart nicht lang ich,
die Maus, die fang ich!«

Die Maus jedoch spricht in dem Bau:
»Ich bin zwar klein, doch bin ich schlau!
Ich rühr mich nicht von hinnen,
ich bleibe drinnen!«

Da plötzlich hört sie – statt »miau« –
ein laut vernehmliches »wau-wau«
und lacht: »Die arme Katze,
der Hund, der hatse!
Jetzt muss sie aber schleunigst flitzen,
anstatt vor meinem Loch zu sitzen!«

Doch leider – nun, man ahnts bereits –
war das ein Irrtum ihrerseits,
denn als die Maus vors Loch hintritt
– es war nur ein ganz kleiner Schritt –
wird sie durch Katzenpfotenkraft
hinweggerafft! – – –

Danach wäscht sich die Katz die Pfote
und spricht mit der ihr eignen Note:
»Wie nützlich ist es dann und wann,
wenn man 'ne fremde Sprache kann…!«

Nee, das geht nicht

Das Meer – wenn ich schon drüber spreche –
hat eine feuchte Oberfläche,
die, finden keine Stürme statt,
stets ruhig daliegt, groß und glatt.
So weit wär alles schön und gut.

Doch was sich *unter* Wasser tut,
das zu erzähln sträubt sich die Feder:
Es frisst den anderen auf ein jeder!
Je größer so ein Fisch, je kesser!
Dort toben Kämpfe bis aufs Messer!

(Was ganz der Wahrheit nicht entspricht,
denn Fisch mit *Messer* geht ja nicht!)

Die Schnecke

Mit ihrem Haus nur geht sie aus!
Doch heut lässt sie ihr Haus zu Haus,
es drückt so auf die Hüften.
Und außerdem – das ist gescheit
und auch die allerhöchste Zeit – :
Sie muss ihr Haus mal lüften!

Ferien auf dem Lande

(Ich kam mit meinem Auto an
und Koffern, sechs bis sieben.
Der Motor ging total entzwei,
so musst zuletzt ich schieben.)

Ich wohn in einem Bauernhaus.
Die Milch ist frisch und sahnig.
Die Störchin auf dem Scheunendach,
sie schäkert mit dem Kranich.
Die Kuh macht »muh« – der Ochse auch,
sind schwer zu unterscheiden,
erst wenn man melken will, merkt man
den Unterschied der beiden.
Die Bauersfrau ist jung und schön.
Ich bin bei ihr der Kranich.
Ein Ochse ist ihr Herr Gemahl. –

(Zurück fahr mit der Bahn ich!)

Artverwandt

Klingling, so klingts im Großen Belt.
Das ist der Schellfisch, der da schellt.
Er klingelt, nur gemütlicher,
wie die Gebirgskuh südlicher. –

Das war bis heute unbekannt,
dass Kuh und Schellfisch artverwandt.

Die Gazelle

Schreckerstarrt verharrt die Gazelle,
die den Durst an schattiger Stelle
stillt –
denn es naht der König der Tiere.

Aufrichtend das Haupt und alle viere
weit um sich werfend, entfernt
sich sprunghaft das ängstliche Wild,
kunstvoll gehörnt.

Der Schatz
Eine alte Volksweise

Es liegt ein Schatz begraben
dort, wo der Weg sich biegt,
und nur zwei alte Raben,
die wissen, wo er liegt.

Noch keine Menschen haben
ihn zu Gesicht gekriegt.
Nur die zwei alten Raben,
die wissen, wo er liegt.

»Hü, Rösslein, du musst traben,
bald haben wir gesiegt!
Ich seh zwei alte Raben,
die wissen, wo er liegt!«

Ich hab am Weg gegraben,
der eine Biegung macht.
Die beiden alten Raben
haben sich totgelacht.

Wirklich unerhört

Die Amsel drosselt
ihren lauten Sang.
Die Finken starten schon –
der Weg ist lang …
Die A- und Blaumeisen
sind ganz verstört,
auch sie finden das
wirklich unerhört!!!

Das ist ihnen noch nie begegnet:
ein Sommer, so total verregnet!

Die Drossel amselt,
und es finkt der Star:
»Ade, auf Wiedersehn
im nächsten Jahr!«

Sabinchen

Da war ein schneeweißes Karnickel,
das hatte einen schwarzen Pickel
auf der Nase.
Sprach ein Hase:
»Liebe Base,
das geht so nicht mit deiner Warze!
Es kommt ein Jäger, trifft ins Schwarze!
Du musst den Pickel heller färben,
dann lebst du lang, ohne zu sterben!«
Das tat denn auch sofort Sabinchen
(so nämlich heißt dieses Kaninchen)
und lebt heute noch ungestört …
Wie gut, wenn man auf andre hört!

Brauchtum

Ich brauche dich und du brauchst mich,
wir brauchen uns, sie brauchen sich.

Ob jemand spricht, kräht oder faucht:
Er wird gebraucht, er wird gebraucht.

Ich brauche dich und du brauchst mich,
wir brauchen uns, sie brauchen sich
darüber nicht zu kränken,
die Felchen oder Renken*.

---

* *Dies ist die* süddeutsche *Fassung. Für* norddeutsche *Leser sind die zwei
letzten Zeilen wie folgt zu ändern:*

darüber nicht zu wundern,
die Schollen oder Flundern.

Das Lama

In dem Land des weisen Brahma
lebte jahrelang ein Lama,
dem es niemals wollte glucken,
weit im Bogen auszuspucken.

Schrecklich litt es seelisch wegen
diesem seinem Unvermögen;
und die Tränen war'n ihm nah,
wenn es andre spucken sah.

Heimlich übte es im Sitzen
oder Stehn, den Mund zu spitzen,
um dann zielgerecht durch dessen
Spalt den Strahl herauszupressen;
doch selbst in bequemer Lage
förderte es nichts zutage.

Und – so endet dieses Drama –
schließlich musste unser Lama
vor den Thron des Brahma traben,
ohne je gespuckt zu haben.

's kommt ein Vogerl geflogen*

Ein kleiner Spatz kommt angeflattert
und hüpft auf meinen Fuß. Verdattert
entdecke ich in seinem Schnabel
ein Telegramm, und in dem Kabel
telegrafiert Andrea mir:
»Komm bald, ich sehne mich nach dir!«

Spreiz deine Flügel, kleiner Bote,
und flieg zurück zu der Geliebten
und überreich ihr meine Note,
in welcher steht, ich käm am siebten!

* *Jede Ähnlichkeit mit einem bekannten Volkslied wäre rein zufällig.*

Die Untermieterin

Du stehst vorm Apfelbaum und lobst:
»Was ist das für herrlich Obst!«
Pflückst einen Apfel, beißt hinein,
verziehst den Mund, fängst an zu spein;
denn eine Made erster Güte
wohnt dort schon lang in Untermiete.
Du stehst vorm Apfelbaum und tobst:
»Wie kommt die Made in das Obst?!«

Die Hülle trügt! – Das Ungeziefer
dringt da im Allgemeinen tiefer ...

Der zweifelhafte Storch

Du gehörst zu den'n, die den
Klapperstorch noch nie gesehn,
weil man dazu in der Stadt
wenig Möglichkeiten hat.
Und weil er dir nie erschien,
glaubst du auch nicht recht an ihn. –

Ohne Zweifel gehn dem Storch
solche Zweifel dorch ond dorch,
weshalb er dann schnell und meist
seine Existenz beweist!

Rechtschreibung

Delfine schwimmen schnell und leis
(man schreibt sie mit »ph« – ich weiß;
doch schreibt man ja auch Tele»f«on,
und das bereits seit langem schon) –
sie schwimmen (wie gesagt, mit »f«) –
sie schwimmen – vorn ihr alter Scheff
(wir schreiben schließlich auch »Schofför«) –
sie schwimmen also durch das Meer.

Was heißt durchs »Meer«? – Sogar durch »Meere«!
Und manche altgediente Mähre,
wie überhaupt so manches Ferd
(mit »V« wär es *total* verkehrt)
glaubt, es sei so schnell wie ein Delphien!
(Das zweite »e« ist schlecht für ihn.)

Ortogravieh – das sieht man hier –
ist nicht ganz leicht für Mensch und Tier!

Der Pv*

Der eitle Pv, meist schlecht gelaunt,
stolziert im Park von Hagenbeck,
und wenn wer kommt, der ihn bestaunt
– was jeder Pv recht gerne hat –,
dann schlägt er sein berühmtes Rad
und radelt langsamst damit weg!

Auch ich war jüngst bei Hagenbeck
– nur einfach so, zum Zeitvertreib –
und traf den Pv. Doch pfui! Der Geck
ging schnabelfletschend auf mich los:
Er zürnte mir! Warum denn bloß?
Doch nicht, weil ich ihn anders schreib?

* *Lies und sprich: Pfau.*

Drei Raupen
Ein Melodram

Introduzione

Es steht in diesem Buche hier
so manch Gedicht über manch Tier –
nur über Raupen gabs noch keins!
Nun, bitte sehr, hier wär so eins!
Doch ist es (weils, ich wills betonen,
für alle handelnden Personen
ein grauenhaftes Ende nimmt)
für Jugendliche nicht bestimmt!

Thema con variazioni

Drei Raupen schlossen in der Landschaft
von Südtirol ihre Bekanntschaft.
Da wurd die eine bei den Beeten
vom Gärtner hinterrücks zertreten!
Die zweite wurde unterdessen
vom Spatz erspäht und aufgefressen!
Die dritte aber – diese Raupe
verschied zu Hause an der Staupe!

Coda

Wie grausam ist doch die Natur:
Sie trachtet nach dem Leben nur!

Gedanken beim Anblick deiner Krokotasche

Ich badete im Ganges
(das ist eine Art Nil).
Im Ganges schwamm was Langes
auf Flügeln des Gesanges:
Das war ein Krokodil.

Es sang: »Die alten Zedern,
die blühen weiß und rot. –
Oh, hätte ich doch Federn,
wärs Leben nicht so ledern –
besonders *nach* dem Tod.«

Tirili, piit-piit

Die Lerche schwingt sich in den Äther
und singt das Liedchen ihrer Väter:
    Tirili, piit-piit.
Ists an der Oder oder Elbe,
der Text ist überall derselbe:
    Tirili, piit-piit.
Vom allerersten Sonnenschimmer
bis zu dem letzten singt sie immer:
    Tirili, piit-piit.
Wirds Abend, steigt sie müde nieder
und steckt das Köpfchen ins Gefieder:
    Tirili, piit-piit.
Wirds wieder Tag, weckt sie die Schwestern,
schwingt sich empor und singt wie gestern:
    Tirili, piit-piit.

Ein Brief aus Hagenbeck

An Frau
Coco, geb. Cucu, verw. Fips
Urwald
Wenn man reinkommt: 3. Baum links, 4. Astwerk
– Afrika –

Papa, Mama und liebe Geschwister!
Erinnert ihr euch noch an den Mister,
der mich, als ich fröhlich am Aste hing,
fing? –
Das war ein Ding!
Der steckte mich einfach in einen Kasten!
Da saß ich nun drin und musste fasten!
Dann flog und fuhr ich lange Wege – – –
und nun wohn ich hier im Freigehege.
Wir sind zu sechst. Sind ganz verträglich,
bis auf den einen, der ist unmöglich!
Der kratzt sich immer am Arm, am Kiefer –
wahrscheinlich hat er Ungeziefer!
Ich hatte neulich 'nen Schnupfen gekriegt!
Ob das an diesem Eisbärn liegt
da drüben?

Ihr Lieben!
Das Essen ist hier reichlich und schmeckt!
Auch kommt kein Raubtier, das einen erschreckt!
Doch grauenhaft ist an jedem Tage
die *Menschenplage!*

Da strömen sie dann in rauen Mengen
und gucken und schieben und stoßen und drängen!
Und wenn ich auch ganz ruhig sitze,
sie lachen bloß und machen Witze
und reden nichts wie dummes Zeuch!
Und wie gehts euch?

Euer Schimpi

Der Spatz

Es war einmal ein grauer Spatz,
der saß ganz oben auf dem Dache,
und unten hielt die Miezekatz
schon seit geraumer Weile Wache.
Da sagte sich das Spätzlein keck:
»Mich kann das Biest nicht überlisten!«
Bums, kam ein Habicht um die Eck
und holte sich den Optimisten. –
So kann es allen denen gehn,
die glauben, nur *sie* wär'n die Schlauen.
Man darf nicht nur nach unten sehn,
man muss auch mal nach oben schauen!

An die Bienen

Bienen! Immen! Sumseriche!
Wer sich je mit euch vergliche,
der verdient, dass man ihn töte!
Dass zumindest er erröte!
Denn, wie ihr in Tal und Berg schafft
ohne Zutun der Gewerkschaft,
ohne dass man euch bezahle,
ohne Streik und Lohnspirale,
täglich, stündlich drauf bedacht,
dass ihr für uns Honig macht,
ihr seids wert, dass man euch ehre!
Wobei vorzuschlagen wäre –
ob nun alt ihr, ob Novizen –
euch von heute ab zu siezen!
Unser Dank, unser Applaus
säh in etwa dann so aus:
»Sehr geehrte Honigbienen!
Wir Verbraucher danken Ihnen!«

Ein Traum

Ich schlaf nicht gern auf weichen Daunen;
denn statt des Märchenwaldes Raunen
hör ich im Traume all die kleinen
gerupften Gänschen bitter weinen.
Sie kommen an mein Bett und stöhnen
und klappern frierend mit den Zähnen,
und dieses Klappern klingt so schaurig …
Wenn ich erwache, bin ich traurig.

Singe, wem Gesang gegeben

's ist Nacht. Auf meines Daches Zinnen wandelt
ein graues Säugetier in stolzer Pracht.
Dass es sich hier um einen Kater handelt,
das haben Sie sich ja wohl schon gedacht.
Er singt ein Lied. Er lässt sich das nicht nehmen,
und weder Ringelstern noch Morgennatz
verfassten es. Er zahlt auch nicht Tantiemen.
Er singt – und was er singt, ist für die Katz!

Die Kuh

Auf der saftig grünen Wiese
weidet ausgerechnet diese
eine Kuh, eine Kuh.

Ach, ihr Herz ist voller Sehnen
und im Auge schimmern Tränen
ab und zu, ab und zu.

Was ihr schmeckte, wiederkaut se
mit der Schnauze, dann verdaut se
und macht Muh, und macht Muh.

Träumend und das Maul bewegend
schaut sie dämlich in die Gegend
grad wie du, grad wie du.

Die Fliege

Eine Fliege flog zum Flügel,
huschte leis über die Tasten,
um dann auf dem »gis« zu rasten.
Doch nur zwei Sekunden währte
dieser Aufenthalt, dann kehrte
sie zurück zu ihrer Sippe
und erzählte unumwunden,
sie hätt den guten Ton gefunden.

Blasphemie

Eine gräulich schwarze Fliege
sitzt dort rechts auf der Tapete,
putzt die Flügel und das linke
Mittelbein. – Ich lese Goethe.
Und wie klein erscheint mir dieser
immerhin so große Goethe
neben meiner schwärzlich grauen
Fliege dort auf der Tapete.

Der Schmetterling

Es war einmal ein buntes Ding,
ein so genannter Schmetterling,
der war wie alle Falter
recht sorglos für sein Alter.
Er nippte hier und nippte dort,
und war er satt, so flog er fort,
flog zu den Hyazinthen
und guckte nicht nach hinten.
Er dachte nämlich nicht daran,
dass was von hinten kommen kann.
So kams, dass dieser Schmetterling
verwundert war, als man ihn fing.

Der Regenwurm

Ein langer dicker Regenwurm
geriet in einen Wirbelsturm,
der trug ihn bis zum Himmel.
Nun dient er oben, nein, wie fein,
dem allerliebsten Engelein
als Klöppel einer Bimmel.

Der Brummer

Der Brummer, der mich so geplagt
und den ich hundertmal gejagt
und den ich niemals kriegen konnte,
weil er ja leider fliegen konnte,
und der mir manchen Schlaf verdorben,
der Brummer ist, gottlob, verstorben.
Er starb an Bauchweh und Migräne. –
De mortuis nil nisi bene!

Die Q

Die Q ist, allgemein betrachtet,
derart beliebt und auch geachtet,
dass einst ein hoch gelahrter Mann
für unsre Q das »Q« ersann.
So bleibt sie nun, ewig beredt,
als Buchstabe im Alphabet. –
Mich wunderts nur, dass manche Kreise
abhold sind dieser Schreibweise.

Der Kabeljau

Das Meer ist weit, das Meer ist blau,
im Wasser schwimmt ein Kabeljau.
Da kömmt ein Hai von ungefähr,
ich glaub von links, ich weiß nicht mehr,
verschluckt den Fisch mit Haut und Haar,
das ist zwar traurig, aber wahr. –
Das Meer ist weit, das Meer ist blau,
im Wasser schwimmt kein Kabeljau.

Ein Kinderlied

Eiapopeia, was raschelt im Stroh?
Das sind die lieben Mäuschen, die freuen sich so,
denn die Katze ist krank. Nun ringeln sies Schwänzchen
und heben das Köpfchen und machen ein Tänzchen,
drum raschelts auch so in dem Stroh.
Eiapopeia, eiapopo.

Dichter und Bauer

Es hat der junge Dichter
für heut genug gereimt,
drum löscht er alle Lichter,
legt sich ins Bett und träumt.
Er träumt von einer Mauer,
die ihm die Sicht verdirbt
und dann von einem Bauer,
in dem ein Vogel stirbt.

Die Libelle

Liebe Libelle,
flieg nicht so schnelle!
Denk der Gefahren,
die deiner harren:
Bäume und Zäune,
Äste und Steine
auf allen Wegen!
Du fliegst *dagegen!!!*
Mit gebrochenen Gliedern
liegst du im Staube.
Dann kommt der Herbst,
du vermoderst im Laube …

Oder ein Vogel
wird dich erhaschen,
wird dich zerbeißen
und hastig vernaschen …

Oder ein Forscher
mit seinem Netze!
Erst tut er sachte,
dass nichts er verletze,
und freut sich stolz seines Besitzes!
Zu Hause jedoch nimmt er was Spitzes
und stichts dann
durch deine weichste Stelle:
arme Libelle!

Flieg nicht so schnelle,
genieße die Stunden,
vielleicht nur Sekunden,
die dir zum Leben
gegeben!

Scheint warm die Sonne:
Freu dich des Lichts!
Füllt Regen die Bäche,
hast du vom Leben nichts –
im Gegensatz zur Forelle!

Liebe Libelle …

Humanistisches Frühlingslied

Amsel, Drossel, Star und Fink
singen Lieder vom Frühlink,
machen recht viel Federlesens
von der Gegenwart, dem *Präsens.*

Krokus, Maiglöckchen und Kressen
haben längst den Schnee vergessen,
auch das winzigste Insekt
denkt nicht mehr ans *Imperfekt.*

Hase, Hering, Kuh und Lachs,
Elke, Inge, Fritz und Max – – –
alles, alles freut sich nur
an dem Jetzt. Und aufs *Futur.*

Das Fischchen

Ein Fischchen einst im Wasser saß
und von dem Wasser wurd es nass,
   das Fischchen.
Das Fischchen wollt gern trocken sein,
doch hatte es kein Handtuch, nein,
   das Fischchen.
Da sprang das Fischchen, hops, an Land
und drehte sich paarmal im Sand,
und als dann kam das Morgenrot,
wars Fischchen trocken – aber tot.
   Das Fischchen.

Löwenzahn

Löwenzahn ist schon seit jeher
als höchst kriegerisch verschrieen,
denn er lässt bei gutem Winde
Fallschirmtruppen feindwärts ziehen.
Und ich sitz auf der Veranda
und verzehre meine Suppe
und entdecke in derselben
zwei Versprengte dieser Truppe.

Die Weihnachtsgans

Tiefgefroren in der Truhe
liegt die Gans aus Dänemark.
Vorläufig lässt man in Ruhe
sie in ihrem weißen Sarg.

Ohne Bein, Kopf und Gekröse
ruht sie neben dem Spinat.
Ob sie wohl ein wenig böse
ist, dass man sie schlachten tat?

Oder ist es doch zu kalt ihr?
Man siehts an der Gänsehaut
Nun, sie wird bestimmt nicht alt hier:
Morgen wird sie aufgetaut.

Hm, welch Duft zieht aus dem Herde
durch die ganze Wohnung dann!
Macht, dass gut der Braten werde,
morgen kommt der Weihnachtsmann!

Drei Bären

Ein Brombär, froh und heiter, schlich
durch einen Wald. Da traf es sich,
dass er ganz unerwartet, wies
so kommt, auf einen Himbär stieß.

Der Himbär rief – vor Schrecken rot –:
»Der grüne Stachelbär ist tot!
Am eignen Stachel starb er eben!«
»Ja«, sprach der Brombär, »das solls geben!«
und trottete – nun nicht mehr heiter –
weiter …

Doch als den »Toten« er nach Stunden
gesund und munter vorgefunden,
kann man wohl zweifelsohne meinen:
Hier hat der andre Bär dem einen
'nen Bären aufgebunden!

Hund und Herrchen

Egal, von welcher Art und Rasse,
ob tief er bellt ob hoch er kläfft,
der Hund macht alles auf der Straße –
und auf die Straße sein Geschäft.
Die Katze ist da etwas feiner:
Sie hat ihr Klo, auf das sie geht,
und wie sie liebt, das sah noch keiner –
man hört es höchstens, abends spät.
Der Hund dankt stets für jede Strafe,
er leckt die Hand, die ihn versehrt.
Er ist des Herrchens treuster Sklave –
doch meistens ist es umgekehrt.

Gänseblümchen

Ein Gänseblümchen liebte sehr
ein zweites gegenüber,
drum riefs: »Ich schicke mit 'nem Gruß
dir eine Biene rüber!«

Da rief das andere: »Du weißt,
ich liebe dich nicht minder,
doch mit der Biene, das lass sein,
sonst kriegen wir noch Kinder!«

Die Schlange

Die Schlange kriecht – als leide sie
an schlechtem, unreinem Gewissen,
weil Ad und Eve, weil beide sie
durch sie in einen Apfel bissen.

Der Mensch hat dies schon oft bereut,
und über ihn ging mancher Sturm hin ...
Und in so manchem Obst ist heut –
und nicht nur in dem nur – noch der Wurm drin.

Die Tauben und Beethoven
Bonner Impression

Die Tauben landen auf dem Rasen
und trampeln drauf mit ihren Pfoten,
als ob sie das Schild noch niemals lasen:
Betreten des Rasens verboten!

Dann setzen sie sich in die Ohren
vom armen Beethoven, dem kalten.
Sie haben es sich wohl geschworen:
Wir *Tauben* müssen zusammenhalten!

Von oben herab und von hinten bekleckern
sie den Komponisten wie unartige Gören –
man kann noch so bitten und drohen und meckern:
Die *Tauben* wollen nicht hören!

Sie scheinen bisher aller Mittel zu spotten,
deshalb, glaub ich, müsst man sie dazu bewegen,
um sie ein für alle Mal auszurotten,
nur *taube* Eier zu legen!

Heißer Mai

Es ist sehr heiß.
Leise rieselt der Schweiß.

Sogar die Lerche,
sonst schwer zu zügeln,
flattert ganz langsam:
Sie schwitzt unter den Flügeln.

Und auch die Schwalbe
fliegt nur die halbe
Geschwindigkeit in der Stunde.

In aller Munde
ist dieses Lied:

Leise rieselt der Schweiß –
und das vor Ende des Mais.

Der verstimmte Elefant

Jede Mücke hat den kleinen
Rüssel, der so oft und gerne sticht,
auch der Elefant hat einen,
aber stechen kann er damit nicht.
Deshalb ist auch unser Riese
leider immer irgendwie verstimmt,
grade so als ob er diese
Schwäche seinem Schöpfer übel nimmt.

Weidende Seekuh

Die Seekuh weidet auf dem Grund
des Ozeans. Stumm ist ihr Mund;
denn finge an sie, laut zu singen,
würd ihr das Meer ins Innre dringen –
und dieses Nass, welches sie schluckt,
verdürbe dann das Milchprodukt,
das, schon seit jeher äußerst rühmlich,
wohl jeder Seekuh eigentümlich.

So weidet unsre Meereskuh
mit Appetit, doch ohne Muh …

Auf den Tod meines Hundes

Auf dem Berge steht ein Häuschen,
um das Häuschen ist ein Garten,
und am Zaun vor diesem Garten
wars, wo wir den Hund verscharrten.
Ach, er starb an einer Gräte,
die im Hals beim Atmen störte,
und die ja, genau genommen,
da auch gar nicht hingehörte.
Und nun stehe ich am Grabe,
pflanz Vergissmeinnicht und bete.
Von dem Kirchturm schlägt es sieben,
von dem Schellfisch war die Gräte.

Die Katze

Die Katze hat ein gelbes Fell
und sitzt auf meinem Schoße.
Sie mag gern Fisch und eventuell
auch Schmorbraten mit Soße.

Auch fängt sie Mäuse dann und wann
und ab und zu – was seh ich! –
mal einen Vogel, doch nur dann,
wenn er des Flugs nicht fähig.

Oft bleibt sie meiner Kate fern;
dann weilt sie gegenüber.
Sie hat zwar meine Kate gern;
doch ist ihr 'n Kater lieber.

Die Made

Hinter eines Baumes Rinde
wohnt die Made mit dem Kinde.

Sie ist Witwe, denn der Gatte,
den sie hatte, fiel vom Blatte.
Diente so auf diese Weise
einer Ameise als Speise.

Eines Morgens sprach die Made:
»Liebes Kind, ich sehe grade,
drüben gibt es frischen Kohl,
den ich hol. So leb denn wohl!
Halt, noch eins! Denk, was geschah,
geh nicht aus, denk an Papa!«

Also sprach sie und entwich. –
Made junior aber schlich
hinterdrein; doch das war schlecht!
Denn schon kam ein bunter Specht
und verschlang die kleine fade
Made ohne Gnade. Schade!

Hinter eines Baumes Rinde
ruft die Made nach dem Kinde …

Esst mehr Fisch

Das Meer reicht bis zum Strande
und dann verläufts im Sande
ganz plötzlich und abrupt.

In ihm gibts viele Fische,
die essen wir bei Tische
gekocht und abgeschuppt.

Doch wozu gibts die Gräten?
Sie wären nicht vonnöten,
sie schmälern den Genuss.

Denn bleibt mal eine stecken,
so kann man leicht verrecken –
viel eher, als man muss!

Der Stier

Ein jeder Stier hat oben vorn
auf jeder Seite je ein Horn;
doch ist es ihm nicht zuzumuten,
auf so 'nem Horn auch noch zu tuten.
Nicht drum, weil er nicht tuten kann,
nein, er kommt mit dem Maul nicht ran!

Knabe mit erkältetem Käfer

Auf meiner linken Schulter sitzt
ein Käfer, rot mit schwarzen Tupfen.
Er ist vom Fliegen ganz erhitzt,
nun kriegt er sicher einen Schnupfen.
Ich nehm ihn in die Hand und renn
mit ihm nach Haus über die Wiesen.
Er muss sofort ins Warme, denn
ich höre ihn bereits schon niesen.

Die Eule

Eine Eule saß und stierte
auf dem Aste einer Euche.
Ich stand drunter und bedachte,
ob die Eule wohl entfleuche,
wenn ich itzt ein Steunchen nähme
und es ihr entgegenschleuder?
Dieses tat ich. Aber siehe,
sie saß da und flog nicht weiter.
Deshalb passt auf sie die Zeule:
    Eule mit Weule!

Belami

Etwas, was uns in dem Leben
jedes Mal mit Recht missfällt,
das ist das, wenn in der Neben-
wohnung eine Hündin bellt.
Ich ging also hin und schellte;
doch ich klagte ohne Grund,
denn was da so dauernd bellte,
war nicht Hündin, sondern Hund.
Hieß Ami und war ein Dober-
mann vom Scheitel bis zum Schwanz
und gehörte einem Ober-
lehrer. (An der Türe stands.)
Der Ami war so bescheiden
und so lieb, dass ich verzieh:
»Lieber Freund, ich mag dich leiden,
wenn du willst, dann bell, Ami.«

Lieder der Wüste

1.
Die Sonne brütet,
als sei sie ein Vogel,
der auf seinen Eiern sitzt
und schwitzt.

Ein Sandkorn betet.
Es möchte tiefer und tiefer
zu seinen Brüdern sinken
und trinken.

Wie weit ist Nirwana – – – ?

Über die Düne schreitet
ein Leu.
Blickt sich um, als wär er
hier neu …

Ich muss weiter, denn
aus der Ferne winken
Fata und Mutta Morgana – – –

2.

Die Oase träumt im Schatten
hoher Palmen, deren Wedel
leise wippen, leise wippen.

Ein paar tote Menschenschädel,
die schon bessre Zeiten hatten,
liegen rum, liegen rum.

Plötzlich kommen zwei Kamele:
erst ein großes schweren Schrittes,
dann ein kleines leichten Trittes.

Sie benetzen ihre Kehle
mit des Tümpels trüber Soße.

Dann enteilen die Kamele:
erst das kleine, dann das große.*

---

* *Diese Neudichtung eines uralten Studentenulks ist tunlichst am Klavier vorzutragen, wobei das große Kamel durch tiefes »plum-plum«, das kleine durch hohes »plim-plim« zu charakterisieren ist. Bei der letzten Zeile empfiehlt es sich, während der Worte »... dann das große« sich vom Klavier zu erheben und wegzugehen. Ein paar lachen dann immer.*

Vogel und Baum

Man sieht die Lerchen mit Gesang
hoch in die Lüfte steigen.
Nur die mit »e«! Die mit dem »ä«,
die stehen da – und schweigen.

Der Spatz

Es flog ein Spatz spazieren
hinaus aus großer Stadt.
Er hatte all die Menschen
und ihr Getue satt.

Er spitzte keck den Schnabel
und pfiff sich was ins Ohr.
Er kam sich hier weit draußen
wie eine Lerche vor.

Er traf hier auch manch Rindvieh,
sah auch manch Haufen Mist …
Er sah, dass es woanders
auch nicht viel anders ist.

Der große weiße Vogel

Die Sekretärin, die ich hab,
heißt Fräulein Vera Kleinzig.
In Sachen Schminke und Frisur
und Kleidung ist sie einzig!
Doch stets guckt sie mich dämlich an,
wenn ich sie etwas frage,
und tippt sie einen Brief, braucht sie
dafür genau zwei Tage!
Und wenn sie einen Kaffee kocht –
na, das ist ein Gebräue …!
Doch ich bin immer nett zu ihr:
Man kriegt so schwer 'ne neue!
Drum: »Großer, weißer Vogel« nenn
ich sie, wenn sie wie 'n Zwerg schafft
denn: Sag ich »dumme Gans« zu ihr,
dann geht sie zur Gewerkschaft!

Das Finkennest

Ich fand einmal ein Finkennest
und in demselben lag der Rest
von einem Kriminalroman.
Nun sieh mal an:
Der Fink konnt lesen!
Kein Wunder, es ist ein *Buch*fink gewesen.

Ein Volkslied

Wenn ich ein Mundschmiss* wär
und auch zwei Schaufeln hätt,
grüb ich mich ein.
Weil ich kein Mundschmiss bin
und keine Schaufeln hab,
lass ich es sein.

* *Vom Volksmund auch »Maulwurf« genannt. Es ist aber unschicklich,
  ein Maul in den Mund zu nehmen! Auch habe ich den »Wurf« als unfein
  verworfen!*

Etwas über den Kuckuck

Vorgestern erzählte ein schlichter Jäger seine Erlebnisse aus Wald und Flur. Er plauderte von Bäumen und Tieren, besonders nett aber sprach er vom Kuckuck, der, wie er meinte, in freier Wildbahn ein ebenso verstecktes Dasein führe wie bei ihm daheim an den Möbeln. Der Jäger sagte weiter: »Der Kuckuck lebt hauptsächlich in nach ihm benannten Uhren. Er ist also ein typisches *Uhr*viech. Man findet ihn aber auch im Freien, wo man ihn aber so gut wie fast selten sieht. Doch *wenn* man ihn mal sieht, dann hört man ihn höchstens. Neulich«, fuhr der Jäger fort, »ging ich im Wald einher, als mir plötzlich ein Kuckuck um die Ohren flog. Natürlich *ohne* Uhr! Ich riss nicht nur mich zusammen, sondern auch das Gewehr hoch! Zuerst drückte ich es an die Wange und dann ab! Aber da fiel mir ein, dass man erstens auf Kuckuckse gar nicht schießen darf und zweitens, dass ich mein Gewehr überhaupt nicht bei mir hatte.«

Ich hoffe, dass ich diese Geschichte richtig übersetzt habe; denn obiger Jäger bediente sich natürlich des *Lateins*.

Fische

Es gibt viele Arten von Fischen – aber nur wenige Unarten, die sie nicht haben.

Teils bewegen sie sich an der Oberfläche – teils gehen sie in die Tiefe.

Man hat sie zum Fressen gern – besonders die Backfische.

Manch toller Hecht – eben sang er noch aus voller Kieme – zappelt plötzlich an der Angel.

Zu spät fallen ihm die Schuppen von den Augen.

Fische sind sehr sensibel. Werden sie beleidigt, so strecken sie die Seezunge raus und denken sich den Götz. Sie sind eben manchmal etwas barsch ... Aber bald reichen sie ihrem Kontrahenten die Flosse – und alles ist wieder gut.

Manche Fische sind aalglatt – und es ist ihre Masche, durch eine Masche des Netzes, mit dem man sie fangen wollte, zu schlüpfen.

Einige nehmen das Maul etwas voll. Das ist nicht schlimm. Es ist nur Wasser.

Fische werden vom 20. Februar bis zum 20. März geboren – also im Mai gezeugt.

Ist es da ein Wunder, dass sie besonders liebevoll geraten sind ...?

Die Kellermaus

Es wollte eine kleine Maus
– im Keller wohnhaft – hoch hinaus;
und eines Nachts, auf leisen Hufen,
erklomm sie achtundneunzig Stufen
und landete mit Weh und Ach
ganz oben, dicht unter dem Dach.
Dort wartete bereits auf sie
die Katze, namens Doremi. – –

Kaum, dass das Mäuslein nicht mehr lebte,
geschahs, dass eine Fledermaus
ein paarmal um die Katze schwebte,
zur Luke flog und dann hinaus.
Da faltete die Katz, die dreiste,
die Pfoten und sprach: »Ist das süß!
Da fliegt die Maus, die ich verspeiste,
als Engelein ins Paradies!«

Ein Zyklus

Der Frühling

Und wieder ist es Mai geworden,
es weht aus Süden statt aus Norden.
Die Knospen an den Bäumen springen,
und Vogel, Wurm und Kater singen:
fidirallala, fidirallala.

Der Herbst

Und wieder ward es Herbst hienieden,
es weht aus Norden statt aus Süden.
Die Knospen an den Bäumen ruhen,
und auch die Kater haben nichts zu tuen.
Rallafididi, rallafididi.

Kleiner Vogel

Kleiner Vogel dort im Baum,
sing doch ruhig leiser;
denn wenn du so weiter machst,
wirst du noch ganz heiser!
Und die Stimme, die du hast,
klingt dann nicht mehr länger,
dann brauchst du ein Mikrofon,
wie 'n moderner Sänger …!

Märchen

Das Märchen vom Meerchen und dem Käfer

Es war einmal ein Meerchen. Es war kein altes Meerchen. Es gab es erst seit vorvorgestern. Deshalb schwammen auch noch keine Fische oder Krebse in ihm. Nur ein einsamer Käfer durchfurchte die Wogen leider unfreiwillig: Er war aus Versehen da hineingeraten. »Nanu? Neulich noch bin ich trockenen Fußes dieses Weges gegangen, und heute zapple ich in einem Ozean? – Ob ich die etwa 7 km (Abkürzung für Käfermeter) bis zum Ufer schaffe?«

Also sprach der Käfer. Er hätte lieber den Mund halten sollen; denn so schluckte er zu viel Wasser. Und da er schließlich kein Wasserkäfer war, verließen ihn die Kräfte – und bald darauf die Sinne – – –

Der Regen hatte endlich aufgehört, und die vielen hundert Tröpfchen des Meerchens kletterten an den Sonnenstrahlen empor, um sich zu erwärmen und da oben irgendwo ein kleines Wölkchen zu bilden. Unten aber war von der Pfütze nichts mehr nachgeblieben. Nur ein toter Käfer lag im Sand und streckte alle sechse von sich …

Und wenn es vorvorgestern, vorgestern und gestern nicht geregnet hätte, dann lebte er noch heute, morgen und übermorgen.

Die kleinen Elefanten

Es war einmal ein großer Feldherr. Er lebte vor über zweitausend Jahren in Karthago und hatte um sein Haus einen riesigen Zaun gezogen, von dem er ab und zu einen Krieg brach. Seine berühmtesten Kriege waren die Punischen, die überall panischen Schrecken verbreiteten.

Eines schönen Tages nun versammelte er riesige Elefanten mit einer ebenso riesigen Streitmacht um sich und stach ins Mittelmeer. Er wollte in Italien sein Augenleiden kurieren: War ihm doch Rom schon seit langem ein *Dorn im Auge!*

Er muss wohl ungenaue Landkarten gehabt haben: Statt in Italien landete er in Spanien. Da er aber schon mal da war, eroberte er es. Er war, wie gesagt, ein großer Feldherr.

Schließlich kam er an ein ziemlich großes Gebirge. »Aha«, sagte er sich, »die Alpen!« Aber nein, es waren bloß die Pyrenäen. »Das macht nichts«, sprach er, »dann betrachte ich eben die Pyrenäen als Generalprobe für die Alpen!«

Sie gelang vortrefflich, was eigentlich kein gutes Omen war …

Endlich erreichte er den Montblanc. Angesichts dessen fiel ihm ein, dass er seinen Füllhalter vergessen hatte und nun seiner Frau keine Ansichtskarte schreiben konnte.

Ohne besondere Unfälle schlängelte er sich mit Mann und Maus resp. Mann und Elefant mal aufwärts, mal abwärts – aber hauptsächlich vorwärts … Mag es nun daran gelegen haben, dass die riesigen Elefanten vor den noch riesigeren Bergen Hemmungen bekamen, weil sie in dieser Umgebung so klein wirkten – welch Grund es auch immer gewesen sein mag: Sie begannen, sich leise aus dem Staube zu machen!

Als der große Feldherr den Po erreichte, setzte er sich vor Schreck auf denselben; denn 96 von 102% seiner Elefanten waren verschwunden! ... Inzwischen hatten sich die geflohenen Tiere in Gletscherspalten oder hinter Felsen versteckt und kamen erst wieder hervor, als die Luft rein war. Und hier oben war sie immer rein – aber auch sehr dünn. Und das war es eben!

Es kann nur an der dünnen Luft und vielleicht auch an der ständigen Kälte gelegen haben, dass die *Nachkommen* der zurückgebliebenen Elefanten auch im Wuchs zurückblieben!

Sie wurden im Laufe der Jahrtausende immer kleiner und kleiner, bis sie schließ- und endlich nur die »Größe« einer Mücke erreichten. Daher stammt sicher auch der Ausspruch »aus der Mücke einen Elefanten machen«.

Außerdem nahmen diese possierlichen Tierchen allmählich eine schneeweiße Schutzfarbe an, sodass sie vom ewigen Eis und Schnee nicht mehr zu unterscheiden waren.

Das ist wohl auch mit ein Grund, weshalb die kleinen Elefanten noch nie einer gesehen hat ...

Das Eingemachte der Witwe Lehmann
(Nach einer Story der Grimm Brothers)

Es war einmal ein armer Bauer. Er besaß nichts als vier Tiere: einen Esel, der immer beleidigt war, wenn man ihn so nannte, einen Hund, der es übelnahm, wenn man ihm etwas vorwarf außer Knochen natürlich –, einen Kater, der fast blind war, weil er seine Brille verloren hatte und der Bauer ihm keine neue kaufen konnte, und einen Hahn, der – und das war das Schlimmste! – demnächst in den Kochtopf sollte nach dem Motto: Da kocht der alte Suppenhahn, den wir noch gestern huppen sahn …
Eines Tages nun beschlossen diese vier Tiere, dem Bauern zu kündigen: erstens die Freundschaft und zweitens zum Ersten.
Als der 1. anbrach, fragte der Hahn die anderen: »Was machen wir jetzt?« – »Wir gründen ein Gesangsquartett und gehen damit auf Tournee!«, meinte der Kater. »Au ja«, sagte der Hund, »die Menschen lieben meinen Gesang!« Worauf der Esel beistimmte: »Dös glaab i-a!« (Er war nämlich aus Bayern.)
Also marschierte das Ensemble los, bis es – die Dunkelheit war schon eingebrochen – auf ein einsames Haus mit einem matt erleuchteten offen stehenden Kellerfenster stieß, hinter dem sich zwei Männer zu schaffen machten, weil sie ebenfalls eingebrochen waren. Sie sichteten gerade das Eingemachte der verblichenen Witwe Lehmann. Um diesen beiden schwer arbeitenden Menschen die Zeit zu verkürzen, beschlossen unsere vier Freunde, hier ihr erstes Konzert zu geben. Der Hund sprang auf den Esel, der Kater auf den Hund und der Hahn auf den Kater. Dann zählte der Esel vier vor, und – – – sie begannen zu singen …

Mag es nun an der zu kurzen Probenzeit gelegen haben, oder waren die Sänger indisponiert, oder entstammte das dargebotene Werk der Feder eines zeitgenössischen Komponisten, egal, die Räuber bekamen einen furchtbaren Schreck und flohen, die gesamte Beute zurücklassend. Unsere vier Künstler aber nisteten sich gemütlich im Keller ein und genossen die Früchte bzw. das Eingemachte ihres ersten Konzerts.

Ob sie noch weitere Konzerte gaben, ist nicht bekannt, wohl aber, dass sie, wenn sie auch gestorben sind, noch heute leben, und zwar – als die Bremer Stadtmusikanten ...

Der alte Wolf
Auch 'n Märchen

Der Wolf, verkalkt und schon fast blind,
traf eine junge Dame:
»Bist du nicht Rotkäppchen, mein Kind?«
Da sprach die Dame: »Herr, Sie sind – – – !*
Schneewittchen ist mein Name!«

»Schneewittchen? Ach, dann bist du die
mit diesen 7 *Raben?*«
Sie antwortete: »Lassen Sie
sich lieber gleich begraben!
Mit 7 *Zwergen* hatt ich mal
zu tun – das waren nette … !«
»Ach ja! Du durftest nicht zum Ball,
und Erbsen waren nicht dein Fall,
besonders nicht im Bette …!«

Da lachte sie hell ha-ha-ha,
dann: »Darf ich Sie was fragen?
Sie fraßen doch die *Großmama,*
wie hab'n Sie die vertragen?«

»Das ist nicht wahr, dass ich sie fraß,
ich krümmte ihr kein Härchen!
Die Brüder *Grimm,* die schrieben das
für kleine Kinderchen zum Spaß –
das sind doch alles Märchen …!«

* – – – *wohl blöd?« wollte sie sagen. Aber so etwas*
  denkt eine Dame nur!

Theater, Oper, Konzert, Film und Fernsehen

Was es nicht alles gibt

Zunächst ist da der Vorhangmann –
eh der nicht zieht, fängt es nicht an!
Sehr nützlich ist der Inspizient –
er klingelt immer, ruft und rennt!
Fürs Haar ist wichtig die Frisöse –
fürn Text nicht minder die Sufflöse!
Den Anzug bügelt der Gardrober –
das Bier bringt der Kantinenober!

Dann gibt es die Kulissenbauer –
und Komiker, die immer sauer!
Es gibt den Held, den Bongwiwang
und die Suhbrette mit Gesang!
Heldenmutter – Heldenvater –
auch diese braucht man am Theater!

Wen gibts denn noch? – Den Intendanten!
Und dann vor allem: INTRIGANTEN – –
Intriganten – Intriganten – Intriganten –

Hallo, Schwan!

Schon lange vor der Eisenbahn
gabs als Transportmittel den Schwan.
Wolltst du verreisen noch so weit:
Ein Schwan mit Kahn stand stets bereit!
Du nanntest ihm das Endziel bloß,
stiegst ein, und, hui, schon ging es los!

Nun war – ganz in der Näh vom Grale –
so eine Art von Schwan-Zentrale,
in der erregt ein Herr erschien
und rief: »Ich bin der Lohengrin!
Und haben Sie wohl an der Hand
'nen Schwan? Ich muss gleich nach Brabant!
Ich bitte um ein schnelles Tier,
denn Elsa ruft schon sehr nach mir!
Auch hätt ich – sagen Sies der Leitung! –
den Schwan gern mit Musikbegleitung!« –

Was weiter war – und wies gewesen,
bitt ich bei Wagner nachzulesen!

Der Mohr von Venedig
Frei geräubert bei Schiller

Unterm Einfluss eines Föhns
dichte ich jetzt mal was Schöns:
Es ist kürzer und auch stiller
und ganz anders als bei Schiller! –

Franz Mohr, bekannt als »die Kanaille«,
trug stets den Dolch an seiner Taille.
Doch einmal, ach, im grimmen Zorne
stach er von hinten zu und vorne,
worauf sich wund das Opfer wand
und Franz in dessen Blute stand!

Nach dieser unheilschwangern Tat
rief er: »Jetzt ham wir den Salat!
Mein Beinkleid ist vom Blut gerötet!
Den Leichnam dort hab ich getötet!
Der Anblick ist nicht grade schön!
Auf Wiedersehn! Der Mohr kann gehn!«

Und so geschahs, dass Franz entfloh
(über die Alpen, übern Po
und weiter), bis er ungehemmt
zur Stadt kam, die stets überschwemmt.

Hier – musste er sich nicht verstecken!
Hier – konnt er seine Hos' entflecken!
Hier – blieb Franz Mohr lang, brav und ledig
und hieß ab hier – »Mohr von Venedig«!*

* *Einige neuere Literaturgeschichten behaupten, wahrscheinlich, um sie
farbiger zu gestalten, der »Mohr von Venedig« sei ein Schwarzer gewesen.
Bei Schiller jedoch findet sich kein Hinweis, dass Fr. Mohr (den er übrigens
undelikaterweise mit oo schreibt) negroiden Ursprungs war.*

Hanneles Siegesfahrt

Da war ein Mädchen jung und stark
und gut von Wuchs und hieß Jeanne d'Arc.

Erst hütete sie Vaters Ziege,
dann träumte sie vom großen Siege!
So ging sie eines Tags aufs Ganze:
Kaufte sich Rüstung, Helm und Lanze,
und schon nach ziemlich kurzer Zeit
fand Männer sie, zum Kampf bereit!
Mit diesem Fähnlein griff sie dann
des Königs böse Feinde an!

Bei Orleans errang, so schiens
(auf englisch heißt der Ort Orliens!),
die ihren Sieg! Doch nicht weit her
war es damit: Es geht die Mär,
sie sei, was nicht so sehr erheitert,
am Scheiterhaufen dann gescheitert!

Beckmesser*

Er war ein angesehner Herr
und wohl der Klügsten einer,
doch spricht von ihm als Kriti-Kerr*
– und auch als Mensch – heut keiner!

Wie bös hatte er Wagners »Ring«
und Bruckners Werk verrissen,
auch von Puccinis »La Bohème«
wollte er nicht viel wissen!

Wie lobte er den Meyerbeer
und Straußens »Ritter Pasman«!
Was er getadelt, lebt noch heut –
was er gelobt, vergaß man!

Merke:
Der Irrtum ist der Menschen liebstes Kind,
besonders, wenn sie Rezensenten sind!

---

* *Gemeint ist hier der Wiener Musikkritiker Eduard Hanslick (1825–1904).*

* *Kerr, Alfred (1867–1948), auch 'n berühmter Kritiker.*

Querschnitt durch Verdi

Othello war schwarz wie ein Mohr
und ziemlich klug – obwohl Tenor –
und lebte nicht ganz ledig
in Venedig.

Doch eines Tags sah er *Aida*
und sprach zu sich: »Wer ist denn die da?
Die ist mein Typ – die wär mein Fall so!«
Na also!

Doch hat ihr Vater *Rigoletto*
für sie 'nen andern Mann in petto:
Don Carlos hieß der Mann in spe.
Olé!

Sie aber liebte einen Dritten.
Den brauchte sie nicht lang zu bitten,
den Rhadames; denn der war nur
Troubadour!

Doch der sang seine Serenatas
viel lieber vor dem Haus *Traviatas!*
Sie lauschte ihm auf dem Balkone
mit »ohne«.

Vielleicht hat er zu oft gesungen –
egal, sie kriegte kalte Lungen;
und, von dem Nachtwind angepustet,
hat sie dem Rhadi was gehustet.
Da sagte sich der Liebessänger:
»Die steckt mich an! Ich sing nicht länger!«
Und er verließ die Kranke.
Na danke! –

Aida aber und Othello
entleibten sich – das ging ganz schnell, oh! –
in Verona.
Aida wegen Rhadames,
Othello wegen Madame *Des-*
demona …

Mary and Lisa

Es waren mal zwei Königinnen,
ganz gut von Wuchs und stolz von Sinnen;
doch leider konnten sich die beiden
von Hause aus nicht so recht leiden.

Sie nannten sich zwar meistens »Schwester«,
doch schuld am Krach war ein Lord Lester!
Sie liebten ihn und litten seelisch. –
Die war katho-, die evangelisch. –

Und eines regenfeuchten Tages,
da sagte Lisa: »Ich ertrag es
nicht länger, dass die Mary mir
den Lord wegschnappt! Ich zeig es ihr!
Ich will, dass man sie gleich verhafte!!«
Worauf man sie in'n Kerker schaffte …

Dort saß die Mary viele Wochen,
hat nichts gegessen, nichts gesprochen –,
drum freute sie sich ungemein,
als Lisa schrieb: »Mein Schwesterlein,
wir wollen unsern Stunk vergessen!
Ich hol dich morgen ab zum Essen!«

Und so geschah's, dass nach dem Lunch
die beiden, wie fast jeder Mensch,
sich gern etwas im Park ergingen.
Sie unterhielten sich von Dingen,
die intressant von Schwes- zu Schwester …
Doch fiel kein Wort über Lord Lester,
bis plötzlich Mary sich vergaß
und rief: »Du bist ein Rabenaas!
Ein Scheusal und ein Mistpaket …!«
Was Lisa nicht gefallen tät:
»Ich unternehme neue Schritte!«,
so schrie sie und ging durch die Mitte
ab!
Knapp
sechs Wochen drauf bestieg, o Gott,
die arme Mary das Schafott!
Verlor den Kopf, den sie zuvor
in Lisas Park schon mal verlor …

Tannhäuser

oder

Die Meistersinger in der Wartburg

(in 5 Abteilungen)

1

Es saß, laut Richard Wagners Werk,
Herr Tannhäuser im Hörselberg –
doch nicht allein, das war es eben:
Die Dame Venus saß daneben.
Sie war begabt mit ganz enormen,
doch angenehmen Körperformen
und schmiegte sich an seine Lende.
Er drückte ihr dafür die Hände.w
Dann sangen beide ein Duett,
und vorne tanzte das Ballett.

Sie liebte und liebkoste ihn,
und grade das erboste ihn!
Das immer gleiche Einerlei,
das tägliche Tandaradei,
das viele Tanzen und die Lieder
war'n bald dem Tanni höchst zuwider,
weshalb er – es war kurz vor zehn –
ganz plötzlich ausrief: »Lass mich gehn!
Mich hält nichts mehr! Leb wohl, ich muss!«
Worauf sie sprach: »Red keinen Stuss!

Du bist mein Held, du bist mein Sänger!
Verweil doch noch ein wenig länger!« –
Und so blieb alles wie vorher:
das Singen, Tanzen und auch er.

2

Inzwischen waren Tage, Wochen
und Monate ins Land gekrochen,
als Tannhäuser plötzlich erwachte,
doch anders, als er es sich dachte:
Er lag, statt auf der weichen Chaise,
im harten Gras! Es roch nach Käse,
und eine Magd mit ganz enormen,
doch nicht so guten Körperformen
behütete der Kühe Herde,
auf dass sie nicht gestohlen werde.

Sofort befragte er die Maid
nach Ort der Handlung und der Zeit
und sah zur Linken und zur Freude
ein gar gewaltiges Gebäude;
und aus der Magd geräum'gen Munde
vernahm er dann die frohe Kunde,
dass dieses Bauwerk hoch und hehr
die so genannte Wartburg wär.
»Die Wartburg? Die ist mir bekannt!«,
sprach da der Venus-Emigrant,

»ich will mich jetzt dorthin bemühen!
Leb wohl! Empfiehl mich deinen Kühen!«

3

Als Tannhäuser sein Ziel erreicht
– das Gehen fällt ihm noch nicht leicht –
und er dem Tor der Wartburg naht,
da hält ihn an ein Wachsoldat:
was er hier wünsche oder wolle
und dass er sich entfernen solle!
Hier fände heut ein Wettkampf statt,
doch nur für den, der Stimme hat!
»Dann bin ich richtig! Auf das Tor!
Lass mich hinein! Ich bin Tenor!«
Nachdem er so sich ausgewiesen,
lässt der Soldat passieren diesen.

4

Herr Tannhäuser betrat die Halle,
und, sieh mal an, hier war'n sie alle:
Hans Sachs, Jung-Siegfried, und selbst Hagen,
der aus Westfalen, wollts mal wagen!
Auch 'n Holländer war da als Streiter!
(Es gab schon damals Gastarbeiter!)

Herr Tannhäuser erfuhr inzwischen
die Regeln, um hier mitzumischen:
Das, was er singt, sei einerlei,
wenns nur von Richard Wagner sei!

Der Eschenbach war grade dran
mit'm »Abendstern« – und er gewann
die allermeiste Sympathie.
Kein Wunder bei *der* Melodie!

Und dann betrat die wunderschöne
Elisabeth von links die Szene!
Man zollte recht viel Achtung ihr,
denn sie war ja die Chefin hier!

Sie plauderte, was so passiert sei
und dass die Halle renoviert sei,
weshalb sie hoch und breit und lang
von ihrer »teuren« Halle sang!

Doch schließlich ging ihr Lied vorüber,
und auch der Tannhäuser ging lieber …

5
Er ging – und stand nun vor dem Tor.
Da kam ein langer Pilgerchor,
der grade nach Italien strebte
und hauptsächlich vom Singen lebte.

Als er den Pilgerzug erblickte
schrie er, sodass er fast erstickte:
»Hinweg ihr Socken und ihr Schuhe,
's wird Zeit, dass ich jetzt Buße tue!
Wie sündig ist mein ganzer Leib!
Wer schert mein Haar? Was schert mich Weib?
Auch ich kauf mir so eine Kutte!
Ich pfeif auf Venus, diese –!« – »Nun«,
sprach da des Pilgerzuges Leiter,
»so pilgre mit uns! Gleich gehts weiter!«
»Ich bin für euch nicht gut genug!
Geht! Ich komm mit dem nächsten Zug!« –

Ob er nun tatsächlich gezogen
gen Rom – oder gelogen
(wir wollen nur das Erste hoffen!),
bleibt offen …

Hero und Leander*
oder Falsche Sparsamkeit

1
Die Ansichtskarte

Der Hero und auch die Leander,
die hatten gar nichts miteinander.

Das lag hauptsächlich an der Länge
und Breite jener Meeresenge,
die man, hat man nicht grad gepennt,
als *Hellespont* von früher kennt.

Doch war der Hero ja schon immer
bekannt als Sportler, nämlich Schwimmer,
weshalb er eines Mittwochs rief:
»Ich schwimme zu ihr, ists auch tief!
Ist auch die Strecke nass und lang
was macht das schon, mir ist nicht bang!
Ich arbeite bis Freitag bloß,
dann schwimme ich nach Dienstschluss los!«
Drauf schrieb er eine Ansichtskarte:
»Ich komm ganz früh am Samstag, warte!

* *Schon der österreichische Dichter Parzer, der nebenbei auch den Grill erfand und deshalb meist Grillparzer genannt wird, hatte obiges Liebespaar in seinem Lustspiel »Des Meeres liebe Wellen« zum Vorwurf genommen, ohne dass man ihm einen solchen machen könnte …!*

Doch weil du, liebe Lea, faktisch
direkt am Ufer wohnst, was praktisch,
so zünde eine Kerze an
und stell sie in dein Fenster dann,
damit sie leuchte und mich leite
zu dir, bis auf die andre Seite!
In sechs bis sieben Stunden höchstens
bin ich dann da! – Leb wohl! Bis nächstens!
Ich geb dir 'n Vorschusskuss, hier hast'n …!«
und warf die Karte in den Kast'n. –
Und Freitagnacht, wie vorgesehn,
sprang er – die Uhr war kurz nach zehn
bekleidet nur mit einer Hose,
im Munde aber eine Rose,
und mit Salatöl eingerieben,
ins Wasser, mit dem Ziel nach drüben …

2

Der Untergang

Das Meer geht hoch, die Winde wehn …
Die Nacht ist schwarz, er kann nichts sehn –
den Mond und auch die Sterne nicht,
doch auch nicht seiner Liebsten Licht …
Wie sehr er die Pupille weitet,
wo ist die Kerze, die ihn leitet?
»Pardon, gehts hier zum andern Ufer?«,
brüllt er, doch niemand hört den Rufer …

Nur schwer noch kann er sich im kalten
Gewässer über Wasser halten,
und er verliert im Meergetose
die Orientierung und die Rose …
Er murmelt paarmal: »Junge, Junge …!«,
dann dringt ihm Wasser in die Lunge …
Er nimmt noch zwei, drei Schluck, drauf sinkt er
bis auf den Grund … Und hier ertrinkt er …–
So endete das Sein für ihn
durch eine Kerze, die nicht schien …

3

Die Erläuterung

Nun fragen Sie wohl unterdessen:
»Weshalb hat sie das Licht vergessen?«
Weil sie, wie so das Schicksal spielt,
die Post erst Montag früh erhielt,
und da war es zu spät zum Leuchten,
da lag er schon im Grab, im feuchten …!

Hätt er ein *Telegramm* geschickt,
wär ihm das Vorhaben geglückt!

Das hat sie nun davon*

1
Die Verhaftung

Schwarzes Haar und schwarze Kleider,
Kraft im Blick und in den Armen,
das war – man muss sagen: leider! –
sie, die Jungfrau namens Carmen.
Ihre Lage war das »mezzo«
und auch sonst recht unerfreulich,
aber mancher Spanier hätt so
gern mit ihr mal – – – ! Grade neulich
kam da einer aus Sevilla
mit dem Hut aus schwarzem Lacke,
doch sie rief: »Sei'n Sie bloß still, ja?!!«,
und sie schlug ihn auf die Backe.

Darauf musste Don José sie,
Leutnant und Tenor, verhaften,
als er aber aus der Näh sie
sah, konnt er das nicht verkraften:
Heimlich machte er den Strick los,
welchen er um sie gebunden,
tauschte mit ihr einen Blick bloß,
und schon waren sie verschwunden ...

* *Aus diesem strapazierfähigen Stoff wurde bereits eine haltbare Oper angefertigt!*

2
Die Flucht

Im Gebirge, ganz im Freien,
lebten beide ihrer Liebe;
doch bald gab es Streitereien,
und nicht das nur, nein, auch Hiebe!
Einzeln durch die Pyrenäen
sah man sie dann schmutzig kriechen,
konnten sich nun nicht mehr sehen
und vor allem nicht mehr riechen …

Er wurd aus der span'schen Wehrmacht
in absentia ausgewiesen,
sie sprach: »Dumm, wer es sich schwer macht,
es gibt andere als diesen!«
Und schon eilte sie zu Tale,
um hier unten in dem raschen
Bache oder auch Kanale
endlich sich den Hals zu waschen.
Das hätt sie nicht machen sollen,
denn sie kriegte Schwierigkeiten …

Wenn Sie Nähres wissen wollen,
lesen Sie die nächsten Seiten!

3
Der Stierkampf

Spanier sind fromme Christen,
gegen Satan sind immun sie,
trotzen mancherlei Gelüsten,
aber Tiere quälen tun sie.
»Tiere haben keine Seele«,
so wird nämlich dort gepredigt,
»drum ists gut, dass man sie quäle,
bis sie tot sind und erledigt!«

Heute gab es wieder so 'nen
bösen Tag, um froh zu morden.
Männer, Mütter und Matronen –
und auch Kinder – kam'n in Horden.

Carmen saß auf der Empore
nach den Wochen der Entbehrung,
und sie sah die Matadore,
und ihr Blut geriet in Gärung:
»Das sind endlich wieder Männer!!
Der Tenor José, der war nichts!
Er war nur ein müder Penner,
ein Versager und sonst gar nichts!!« –

Endlich kam der *Star*, der letzte
Matador, der Größten einer!
Durch die Blutarena hetzte
er den Stier wie vor ihm keiner!

Nach dem *dritten* Stich schon sah man
tot das Tier zusammenbrechen ...
Carmen schrie erregt: »Hurra, Mann!
Wo kann ich Sie gleich mal sprechen?!«
Und im jubelnden Getobe
rief der Bariton: »Komm, Dame!
Komm in meine Garderobe!!«
(Escamillo war sein Name) ...

Flugs zu ihm enteilte Carmen –
weil er ihr ja zugewinkt hat –,
und sie lag in seinen Armen,
eh er sich noch abgeschminkt hat ...

4
Das Ende

Da – (»Bin ich dein liebes Rehlein?«,
hörte man sie grade fragen) –
stürzte plötzlich Don José rein,
ohne »guten Tag« zu sagen.
Escamillo mit Grandezza bat ihn:
»Wolln Sie sich nicht setzen?«,
doch José, der violett sah,
hatte keine Lust zum Schwätzen.
Schon ergriff er seinen Degen,
der geschärft und vorne spitz war

(Escamill verschwand verlegen
in der Wand, wo grad ein Schlitz war),
da fiel Carmen auf die Kniee,
bat: »Hör, wie sich alles fügte . . .«
doch er stach nach ihr – und siehe:
dieser *eine* Stich genügte!

Im Gesicht wurd weiß wie Schnee sie ...
Ihr blieb keine Zeit zum Beten,
darum seufzte schnell »olé« sie,
und dann war sie weggetreten ...
Ihn doch hinderten zwei Fäuste,
aus dem Fenster rauszuklettern – – –
So, nun wissen Sie das meiste,
brauchen nicht mehr umzublättern ...

Moderne Sinfonie

Droben sitzet die Kapelle,
festlich und gestimmt ist sie.
Schon ertönt die dritte Schelle,
gleich beginnt die Sinfonie.

Nun wirds stille; denn es zeigt sich
der Maestro, wohlbefrackt,
steigt aufs Podium, verneigt sich,
dreht sich um und schlägt den Takt.
Geiger geigen, Bläser blasen,
Pauker pauken, Harfe harft – – –
alle Noten dieses Werkes
werden schonungslos entlarvt …

Droben schwitzet die Kapelle,
auch der Dirigent hats satt!
Morgen können wir dann lesen,
ob es uns gefallen hat …

Der Geiger

Unterm Arm die Violine,
auf dem Haupte Brillantine,
so besteigt mit ernster Miene
er die kunstverseuchte Bühne.
Mit den Haaren von dem Pferde
streicht er, weit entrückt der Erde,
voll Gefühl und Herzenswärme
über straff gespannte Därme.
Und der Lauscher dieser Handlung
denkt, infolge innrer Wandlung,
an die Pfoten grauer Katzen:
Auch ein Geiger kann gut kratzen!

Die Tänzerin

Erst tanzt sie nach rechts, dann tanzt sie nach links,
dann bleibt sie in der Mitte.
Dann tanzt sie nach links und wieder nach rechts,
sie hat so ihre Schritte.
Dann hebt sie den Arm, dann senkt sie das Haupt,
voll Schmerz sind ihre Züge.
Dann hebt sie das Haupt, dann senkt sie den Arm,
sie tanzt »Die fromme Lüge«.
Dann geht sie zurück und dann geht sie vor,
sehr schön ist dieser Vorgang.
Dann reißt sie sich hoch und dann fällt sie hin,
und dann fällt auch der Vorhang.

Der Schauspieler

Er sprach zu der Theaterleitung,
nachdem er dreimal ausgespuckt:
»Mein Name steht in dieser Zeitung
nie eingerahmt, nie fett gedruckt!
Dabei spiel ich die längsten Rollen,
mal bin ich heldisch, mal geduckt,
ich probe auch, solang Sie wollen,
doch niemals bin ich fett gedruckt!«

Ganz ohne Probe selbstverständlich
starb gestern er, hat kaum gezuckt …
Heut steht er in der Zeitung endlich
schön eingerahmt und fett gedruckt!

Die Sängerin

Reihen, Stühle, braune, harte.
Eintritt gegen Eintrittskarte.
Damen viel. Vom Puder blasse.
Und Programme an der Kasse.
Einer drückt. Die erste Glocke.
Sängerin rückt an der Locke.

Leute strömen. Manche kenn ich.
Garderobe fünfzig Pfennig.
Wieder drückt man. Zweite Glocke.
Der Begleiter glättet Socke.
Kritiker erscheint und setzt sich.
Einer stolpert und verletzt sich.

Sängerin macht mi-mi-mi.
Impresario tröstet sie.
Dritte Glocke. Schrill und herrisch.
Sie erscheint. Man klatscht wie närrisch.
Jemand reicht ihr zwei Buketts.
Dankbarkeit für Freibilletts.

Und sie zuckt leis mit den Lippen.
Beugt sich vor, als wollt sie kippen.
Nickt. Der Pianist macht Töne.
Sängerin zeigt weiße Zähne.
Öffnet zögernd dann den Mund.
Erst oval. Allmählich rund.

Und – mithilfe ihrer Lungen
hat sie hoch und laut gesungen.
Sie sang Schumann, Lincke, Brahms.
Der Beginn war acht Uhr ahms.
Und um elf geht man dann bebend,
aber froh, dass man noch lebend,
heimwärts. Legt sich müde nieder. – – –
Morgen singt die Dame wieder.

Ein Männergesangverein

Fünfzig Herren über fünfzig
sitzen um des Tisches Rund.
Und sie essen und sie trinken
und sie wischen sich den Mund.

Da! Der Vorstand schwingt die Glocke,
und es wird ganz mäuschenstill,
denn die Glocke ist das Zeichen,
dass er etwas sagen will.
Und als er genug geklingelt –
ja, das Klingeln macht ihm Spaß –,
steht er auf und spricht gewichtig:
Na, ich denk, wir singen was!
Der Kapellmeister sucht emsig,
wo die Stimmgabel wohl steckt – – –
in der hintern Hosentasche
hat er endlich sie entdeckt.
Und er führt zum Ohr die Gabel
und macht »aaaaah« – das ist der Ton,
den man nötig für den Einsatz
hat; doch, horch, sie singen schon!
Und sie singen viel von Liebe
und von Sehnsucht und vom Mai,
und elf Verse hat dies Liedel,
und dann geht auch das vorbei.

Müde von der Armbewegung
senkt der Dirigent den Stab,

müde von den tiefen Tönen
wischt der Bass den Schweiß sich ab.
Der Tenor erzählt begeistert,
wie ihm heut das »fis« gelang,
und der Bariton, sich räuspernd,
sagt: »Wie gut ich heute sang!«

Doch dann sitzen alle fünfzig
wieder um des Tisches Rund.
Und sie essen und sie trinken
und sie wischen sich den Mund ...

Ein Pianist spielt Liszt

O eminenter Tastenhengst,
der du der Töne Schlachten lenkst
und sie mit jeder Hand für sich
zum Siege führst, dich preise ich!

Du bist ein gottgesandter Streiter,
ein Heros, ein Akkordarbeiter.
Im Schweiße deiner flinken Finger
drückst du auf jene langen Dinger,
die man gewöhnlich Tasten nennt,
und die, grad wie beim Schach, getrennt
in Schwarz und Weiß ihr Dasein fristen,
als Requisit des Pianisten.
Doch nicht nur deiner Finger Schwielen
brauchst du zum Greifen und zum Spielen,
nein, was man meistens gar nicht glaubt:
du brauchst dazu sogar dein Haupt!
Mal fällts, als ob du schlafen musst,
auf deine stark erregte Brust,
mal fällts mit furchtbar irrem Blick,
so weit es irgend geht, zurück,
und kommst du gänzlich in Ekstase,
hängt dir ein Tropfen an der Nase.
Und hast du endlich ausgerast,
sagt sich der Hörer: Liszt – not last!

O eminenter Tastenhengst,
der du der Töne Schlachten lenkst

und sie mit jeder Hand für sich
zum Siege führst, dich preise ich!
Und jeder Hörer merkt alsbald:
Du siegst mit Liszt, nicht mit Gewalt!

Beethovens Totenmaske

Durch die Glastür zum Alkoven
scheint der Mond mit weißem Licht.
Ausgerechnet dem Beethoven
scheint er mitten ins Gesicht.
Nicht einmal sein Aug beschatten
kann der große Komponist.

Hilflos ist man und verraten,
wenn man mal gestorben ist.

Der Bach
(Dem gleichnamigen Komponisten gewidmet)

Tagtäglich fließt der Bach durchs Tal.
Mal fließt er breit, mal fließt er schmal.
Er steht nie still, auch sonntags nicht,
und wenn mal heiß die Sonne sticht,
kann man in seine kühlen Fluten fassen.
Man kanns aber auch bleiben lassen.

Der Apfelschuss

Der Landvogt Geßler sprach zum Tell:
»Du weißt, ich mache nicht viel Worte!
Hier, nimm einmal die Tüte schnell,
sind Äpfel drin von bester Sorte!
Leg einen auf des Sohnes Haupt,
versuch, ihn mit dem Pfeil zu spalten!
Gelingt es dir, seis dir erlaubt,
des Apfels Hälften zu behalten!«

Der Vater tat, wie man ihn hieß,
und Leid umwölkte seine Stirne,
der Knabe aber rief: »Komm, schieß
mir schnell den Apfel von der Birne!«

Der Pfeil traf tödlich – – einen Wurm,
der in dem Apfel wohnte …
Erst war es still, dann brach ein Sturm
des Jubels los, der 'n Schützen lohnte!
Man rief: »Ein Hoch dir, Willi Tell!
Jetzt gehn wir einen trinken, gell?«*

* Westfälische Fassung:
  Man rief: »Der Tell, der schießt ja toll!
  Jetzt gehn wir einen trinken, woll?«

Neues von Wilhelm Tell

Es ist das Ziel eines jeden Schützen:
Der Schuss muss genau im Schwarzen sitzen!
Und einer, dem dies immer gelang
und den schon Kollege Schiller besang,
das war ein gewisser Tell aus der Schweiz.
Er schoss so gut, dass der Geßler bereits
erst in Erstaunen geriet, dann in Rage
und ausrief: »Nanu, das ist Tells Etage!«*

---

* *Angeblich soll der Landvogt Geßler statt »Etage« »Geschoss« gesagt haben –*
aber dann würde es sich nicht auf »Rage« reimen.

Theater, Film, Fernsehen

Man hat Theater, die erfreuen sich fiskalischer Unterstützung – man hat aber auch Theater, die erfreuen das Publikum. Diese sind äußerst selten, meist in privater Hand und haben schwer zu kämpfen, sofern sie nicht wenigstens einer Organisation angeschlossen sind, was aber ausgeschlossen ist, wenn das Stück, das sie spielen – wie traurig –, zu lustig ist!

Man unterscheidet zwei Arten von Theaterleitern: solche, die es wirklich sind, und solche, die es gern sein möchten. Letztere überwiegen bei weitem, obwohl gerade sie der Überzeugung sind, sie wären es …

Auch die Darsteller zerfallen in zwei Teile: in einen, der von der Schauspielschule, und in den anderen, der vom Kabarett kommt.

Die Darsteller des ersten Teils besitzen oft keine Persönlichkeit und vermögen deshalb leicht in die Haut der darzustellenden Person hineinzuschlüpfen; die Kabarettisten dagegen können aus ihrer Haut nicht heraus und spielen aus diesem Grunde meist nur sich selbst. Sie sind von den »gelernten« Kollegen nicht so gern gesehen wie vom *Publikum*, was wohl daran liegt, dass der Theaterbesucher für gewisse Nuancen eine Nase hat, die nicht auf den Kopf gefallen ist! –

Mindestens ebenso wichtig am Theater wie die Platzanweiser – ich meine hier nicht die Regisseure – sind zweifelsohne die Kritiker! Sie sind fürwahr bedauernswerte Geschöpfe; denn sie sind ganz auf sich gestellt und dürfen nicht – wie normale Theaterbesucher – andere nach ihrer Meinung fragen. Im stillen Kämmerlein tippen sie ihre Rezensionen in die Schreibmaschine, und es kommt nicht selten vor, dass sie – ähnlich wie beim Lotto – danebentippen ... So schrieb beispielsweise Ende des vorigen Jahrhunderts ein berühmter Wiener Musikkritiker (Name und Anschrift sind bekannt) gelegentlich der Uraufführung von Puccinis »La Bohème«, er gäbe dieser Oper noch drei Aufführungen – dann wäre sie vergessen! Man bedenke! Andererseits meinte er über Meyerbeers »Afrikanerin«, dieses Werk werde auch noch das nächste Jahrhundert überleben! Dabei wird diese Oper nicht einmal mehr in Afrika gespielt. Ja, ja – es gibt kaum etwas, womit man so viel Theater hat – wie mit dem Theater ...

Aber auch mit dem Film!
Kaum hatte ich das zarte Alter von 46 Jahren erreicht, als man mich auch schon entdeckte – und zwar auf einer winzigen Bühne in einem witzigen Stück.
Das Publikum scharte sich in Scharen um das Geschehen, aber, wie ich später erfuhr, weniger meinetwegen, als wegen einer bedeutend jüngeren Kollegin, die es meisterhaft verstand, ihre Rolle vor allem zu *verkörpern*!
Hauptsächlich die Filmproduzenten, die ja immer auf der Jagd nach jungen Talenten – besonders, wenn sie weiblichen Geschlechts sind – sind, eilten in rauen Massen herbei, um den Maßen der Künstlerin nachzuspüren ...
Schließlich aber kam einer dieser Herren nicht nur ins Theater, sondern auch auf die Idee, dass eigentlich ich den Maßen der Breitwand eher entspräche!
Also – und das spricht für den Fachmann! – bot er mir für ein Filmvorhaben, das nach einem Drama eines gewissen Franz Grillparzer gedreht werden sollte, eine der Hauptrollen an, mit der Bemerkung, er habe an den Autor wegen der Vergebung der Filmrechte bereits geschrieben ...

»Vergebung«, sagte ich, »aber Grillparzer ist meines Wissens seit langem tot!« – »Oh«, meinte der Produzent, »deshalb hat er wohl auch nicht geantwortet!« …

So fiel dieses Projekt leider ebenso ins Wasser wie in Grillparzers Stück die Leander; welche ja mehrmals nächtens die Dardanellen durchschwamm, nur, um die Kerze ihres Hero auszupusten!* Meine Hoffnung, jemals zum Film zu kommen, wähnte ich ebenfalls als erloschen …

Aber nein! Schon nach ganz kurzer Zeit stand ich in einem richtigen Filmatelier; von einem richtigen Filmregisseur geleitet, zum ersten Mal vor einer richtigen Filmkamera!

Mit namhaften Kollegen, die ich normalerweise nie anzusprechen gewagt hätte, war ich plötzlich »per du«, ohne dass meine Hochachtung vor ihnen »perdü« gegangen wäre …

Wir waren ein unzertrennliches Team – was den Produzenten, wenn er uns alle zusammensah, regelmäßig bewog, sprachgewandt, aber auch etwas besorgt, auszurufen: »Team is money!«

Nun, wir alle waren vom Erfolg des Films überzeugt, und erst bei der festlichen Uraufführung wurde deutlich, wie viel Time wir für dieses Machwerk unnötig verplempert hatten, und was da alles an guten Pointen auf Geheiß des Produzenten herausgeschnitten worden war, bloß, weil er sie bei der Vor-Vorführung nicht verstanden hatte!

Nee, nee – auch mit dem Film hat man Theater …

Während man auf der Filmleinwand manchmal einen drei Meter großen Kopf hat, wird man auf dem Bildschirm zum Pygmäen!

* *Siehe auch Seite 117*

Aber vielleicht ist es gerade die Kleinheit, die im Fernsehzuschauer teils väter-, teils mütterliche Gefühle auslöst, sofern ihm der Darsteller sympathisch ist. Er sagt sich: »Gott, ist der Kleine nüdlich – – und so hülflos! – – Oh, wie nett er eben gezwinkert hat – – – und nun ist er böse, wie ein Großer, ha-ha-ha!«

Anders ist es, wenn der Betrachter lieber ein Fußball-Länderspiel erleben oder einen wissenschaftlichen Vortrag, etwa über das Thema »Elementare Elemente der hyperphosphären Rekonvaleszenz«, hören möchte. Und nun kommst du Däumling mit deinem Gequatsche!

Oder einer hat Krach mit seiner vierten Frau und möchte sich nun bei Tschaikowskis Fünfter ausweinen … Stattdessen erscheinst *du* und reißt Possen!

Das eben ist die große Gefahr, der du als »Fernsehstar« ausgesetzt bist: Du gerätst leicht an die falsche Adresse!

Im Kino dagegen sieht dich nur der, der dich sehen *will* – aber wer geht heute schon noch ins Kino?!!! …

Der keusche Josef oder der Heftling
Ein Theaterstück

Personen:
Der Herr Professor, über 60
Die Frau Professor, unter 30
Josef, über 17, aber unter 19

PROFESSOR:*(mit Vollbart und Kneifer)* Köstlich war die damp-
fende Mahlzeit, die du, vortreffliche Hausfrau, mir brietest.
Gerne nun würde der Ruhe ich pflegen, leider doch muss ich
des Bleibens entraten.
FRAU PROF.: Mit anderen Worten, du willst wieder gehen?
PROFESSOR: Das Wollen hat hier sekundäre Bedeutung, das
Müssen ist das, was mich schmerzlich berühret … Eine wich-
tige Lehrerkonferenz erheischt meine Anwesenheit. – Jedoch,
in einer schwachen Stunde bin ich wieder bei dir!
FRAU PROF.: Das freut mich, Edi!
PROFESSOR: Dann ist es gut! Oder wie sagt schon der Lateiner?
Er sagt: sub aqua, sub aqua, maledicere temptant!
FRAU PROF.: Gewiss, Edi!
PROFESSOR: Halt, noch eins! In Bälde wird der Primus mei-
ner Prima erscheinen, um mir die Klassenhefte zu übergeben,
auf dass ich sie korrigiere. Empfange du sie und ihn, und sei
freundlich zu dem jungen Mann! Sein Vater ist Oberpostse-
kretär!
FRAU PROF.: Ich werde freundlich zu ihm sein. Vielleicht krie-
gen wir dann die Briefmarken billiger?!

PROFESSOR: Eben! *(blickt aus dem Fenster)* Doch schau! Es naht
bereits der Jüngling mit den Heften! Adieu! *(ab)*
FRAU PROF.: Adieu, Edi!

– *Kurze Pause* –

JOSEF *(auf mit Heften unter dem Arm. Bleibt an der Tür stehen)*
FRAU PROF.: Aber so kommen Sie doch näher!
JOSEF: Ich bin der Heftling.
FRAU PROF.: Was, bitte, sind Sie?
JOSEF: Ich bin der Jüngling mit den Heften.
FRAU PROF.: Ach so, legen Sie sie nur dorthin.
JOSEF: *(tut es, will ab)* Auf Wiedersehn!
FRAU PROF.: Aber, aber! Warum denn so eilig? – Wie heißen Sie
denn, Sie Schnellhefter?
JOSEF: Josef.
FRAU PROF.: Mit f oder ph?
JOSEF: Mit J.
FRAU PROF.: Josef ist ein schöner Name. – Nehmen Sie doch et-
was Platz, Josef! – Trinken Sie eine Tasse Tee mit mir?
JOSEF: Nein, danke! Ich habe erst vorgestern Tee getrunken …
FRAU PROF.: *(lächelnd)* Ja dann …! – So setzen Sie sich doch
wenigstens!
JOSEF: *(bleibt stehen)*
FRAU PROF.: Darf ich Ihnen einen Keks anbieten? Oder haben
Sie keinen Appetit?
JOSEF: Danke! Ich bin im Moment völlig unappetitlich.
FRAU PROF.: Ich hörte von meinem Mann, Sie seien der Primus
Ihrer Prima?!

JOSEF: Jawohl!

FRAU PROF.: Das ist ja prima … Allerdings habe ich mir einen Primus immer viel feuriger vorgestellt … Wie alt sind Sie eigentlich?

JOSEF: Achtzehn.

FRAU PROF.: Sie sind so hübsch und noch so herrlich jung, Josef! …

JOSEF: Früher war ich *noch* jünger …

FRAU PROF.: Gefalle ich Ihnen gar nicht, Josef?

JOSEF: Doch, ganz nett …

FRAU PROF.: Haben Sie eigentlich schon mal geküsst, Josef?

JOSEF: Nein, das haben wir noch nicht gehabt …

*Licht aus**

---

* *Um Missverständnissen vorzubeugen: Dieses »Licht aus« heißt so viel wie »Vorhang zu« und nicht, dass die Frau Professor es jetzt lieber dunkel gehabt hätte …!*

Bell- und Puccini

Es ist an und für mich nichts Besonderes, wenn eine Oper *Bellinis* aufgeführt wird. Schließlich ist der Komponist tot und kann sich gegen die Wiedergabe nicht wehren.

Da ich nun annehmen muss, dass der andere oder auch der eine Leser dieser Zeilen Bellinis Oper »Norma« noch nicht kennt, gelüstet es mich, hier einiges Bemerkenswerte über den Autor und sein Werk zu veröffentlichen.

Sein Vater, der ebenfalls Bellini hieß, war als Staatsbeamter nicht nur seinem Fürsten, sondern auch dem Trunke ergeben und kämpfte mit seiner Frau ständig um den *Hausschlüssel*, während sich der Sohn mehr mit dem Violin- und *Bassschlüssel* herumschlug.

Bellini jun. schrieb die »Norma« zu seinen Lebzeiten – aber erst *nach* seinem Tode wurde sie preisgekrönt. Obwohl schon Hans v. Bülow behauptete: Je preiser eine Oper gekrönt wird, desto durcher fällt sie – traf diese Diagnose für die »Norma« nicht zu! Im Gegenteil! Sie fiel nicht nur nicht *durch*, sondern *auf* – und zwar *durch* eine Eigenschaft, die den wenigsten Opern eigen ist, nämlich durch ihre Kürze! – –

Bei dieser Gelegenheit möchte ich noch eines anderen Werkes gedenken, der *ersten* Quizoper: *Puccinis* »Turandot«. Diese kalte Prinzessin stellt 3 Quizfragen ihren heißen Freiern und damit *sich* vor die undankbare Aufgabe, bei gelungener Lösung sich selbst aufgeben zu müssen. Dem Prinzen Kalaf gelingt es – obgleich er Tenor ist –, sämtliche Fragen zu beantworten, ohne dass er jemals an einem Quizturnier teilgenommen oder auch nur ein solches im Fernsehen gesehen hätte.

Da »Turandot« durchweg mit lauter Musikbegleitung vor sich

geht, ist es denkbar, dass selbst der aufmerksamste Lauscher des *genauen* Wortlauts der Preisfragen und ihrer Antworten nicht ganz teilhaftig werden konnte. Um diesem Übelstand abzuhelfen, möchte ich hier die drei Fragen und Antworten *ohne* störende Musikuntermalung wiederholen: 1. Frage: Wer war der erste Koch? Antwort: David; denn er dämpfte den Auflauf der Amalekiter. 2. Frage: Was ist der Unterschied zwischen einem Krokodil? Antwort: Das Krokodil kann im Wasser schwimmen, auf dem Lande aber nicht. 3. Frage: Warum hat Herr Krause keine Haare? Antwort: Die *Neger* haben Krauses Haar.

Nun drängt sich unwillkürlich die Quizfrage auf, ob der glückliche Rätselknacker Kalaf mit der Rätseltante Turandot, die er zur Belohnung heiraten musste, genauso gut fertig geworden ist wie mit ihren Rätseln.

Zwei Interviews fürs Fernsehen

Mit einer Eiche

Reporter: Liebe Fernsehzuschauer! Wir wollen mal einen neuen Weg beschreiten – und zwar einen Waldweg! Er ist, wie das für einen Wald typisch ist, von Bäumen umzingelt. Wir haben uns nun einen Baum oder – besser gesagt – eine Bäumin herausgegriffen und wollen versuchen, mit ihr ins Gespräch zu kommen. Bis jetzt hieß es zwar immer: Lasst Blumen sprechen – nun, vielleicht geht es auch mit Bäumen. Hier also ist meine Gesprächspartnerin. Sie ist eine Eiche. Entschuldigen Sie, gnädige Frau, zunächst die Frage: Sprechen Sie deutsch?
Eiche: Natürlich! Ich bin ja eine teutsche Eiche!
Reporter: Aha! Sagen Sie, Sie stehen da so Jahr für Jahr herum. Ist das nicht sehr anstrengend?
Eiche: Nein, das Da-so-Rumstehen ist nicht schwer. Schließlich lernen wir das ja!
Reporter: So, das lernen Sie?! Wo denn zum Beispiel?
Eiche: In der Baumschule zum Beispiel.
Reporter: Ach ja, natürlich! Darf ich mir die Frage erlauben, was Sie sonst noch in so einer Baumschule lernen?
Eiche: Zunächst lernen wir, immer den gleichen Standpunkt einzunehmen.
Reporter: Ja, das sieht man! Sie sind, seit ich mich hier mit Ihnen unterhalte, noch keinen Zentimeter von Ihrem Standpunkt abgewichen. – Und was lernen Sie noch?
Eiche: Und dann lernen wir etwas, wozu uns unsere Größe und vor allem unser Alter – – –
Reporter: Aber nicht doch!

Eiche: Jawohl, wozu uns unser Alter sehr zustatten kommt, nämlich über vieles hinwegzusehen! Mit anderen Worten: vieles zu verzeihen!

Reporter: Hm, ja …

Eiche: Wenn zum Beispiel sogenannte Volkslieder gesungen werden, wie »Ich schnitt es gern in alle Rinden ein«, so geht uns naturgemäß dieser Text durch Mark und Bein – oder bäumisch ausgedrückt, durch Harz und Wurzel.

Reporter: Oder wenn ein Hund kommt, schnuppert und das Bein – ha, ha, ha – auch das müssen Sie verzeihen, nicht?

Eiche: Jawohl! Das Wichtigste aber ist, immer Haltung zu bewahren! Auch in stürmischen Zeiten immer Haltung zu bewahren!

Reporter: Entschuldigen Sie, wenn mir jetzt einige Zweifel aufstoßen. Es gibt doch Fälle, wo selbst stämmige Artgenossen von Ihnen entwurzelt werden – in stürmischen Zeiten. Wie kann so etwas trotz gründlicher Schulung geschehen?

Eiche: Ach, daran sind meist die Baumschulbehörden schuld! Sie pflegen sogenannte Ausleseprüfungen zu veranstalten. Dadurch wird den ihnen unbequemen Schülern ein Weiterkommen in der Schule erschwert, ja unmöglich gemacht; kurz, diese armen Opfer werden ohne das zum Leben nötige Rüstzeug den Stürmen des Lebens ausgesetzt!

Reporter: Oh, so etwas gibt es also bei Ihnen auch …?! Können Sie in Ihren Baumschulen auch sitzen bleiben?

Eiche: Nein, sitzen nicht – wir können höchstens stehen bleiben, aber das ist ja letzten Endes das Gleiche!

Reporter: Natürlich! – Und wer sind Ihre Lehrer?

Eiche: Die Gummibäume. Die haben alle das Gumminasium besucht.

Reporter: Verzeihen Sie, wenn ich abschließend noch eine etwas, sagen wir mal, prekäre Frage an Sie richte: Zu was oder zu einer teutschen Eiche in besserem Teutsch gesprochen – wozu, glauben Sie, wird man Sie, hat man Sie, entschuldigen Sie, gefällt, verarbeiten?

Eiche: Ich weiß, dass man dermaleinst aus meinem Leichnam Bretter für Schiffe, Fässer, Parkette, Möbel und bequeme Särge fertigen wird. Seit ich aber das Vergnügen hatte, Ihre werte Bekanntschaft zu machen, glaube ich, dass man mich hauptsächlich zu *den* Brettern verarbeiten wird, die solche Menschen wie Sie vor dem Kopf haben …!

Reporter: Ich danke Ihnen für Ihre eichenartigen Ausführungen!

Mit einem Scheich

Reporter: Liebe Fernsehzuschauer! Mit großer Freude stelle ich Ihnen heute den Regierenden Fürsten von Hamudistan, seine Hoheit Scheich Ben Fah San, vor. Sie wissen ja: Hamudistan liegt zwischen Iran und Persien. – Bitte, Herr Scheich, was verdienen Sie eigentlich so im Monat?

Scheich: Nun, ich benötige recht viel. Schließlich muss ich ab und zu Hof halten.

Reporter: Und muss man Hof halten – kann man nicht Haus halten, ha-ha-ha, was?

Scheich: Außerdem kosten die vielen Frauen, die zu besitzen ich genötigt bin – nach dem Willen Allahs –, viel Geld.

Reporter: Wie viel Frauen haben Sie denn so ungefähr über den Daumen gepeilt?

Scheich: Das wechselt. Im Moment habe ich 132 Stück.

Reporter: Dann kommen Sie wohl kaum zum Regieren, ha-ha-ha, was? – Und so ein paar hundert Mark im Monat gehen da schon drauf, nicht? Schließlich können ja Ihre Frauen nicht leben wie Kirchenmäuse?!

Scheich: Nee, das schon gar nicht! Denn bei uns gibts nur Moscheenmäuse.

Reporter: Richtig, richtig! – Sie verneigen sich doch immer gen Osten, nicht?

Scheich: Nein, nicht immer! Manchmal machen wir unsere Bücklinge auch vor dem Westen! Aber schließlich ist es ja ganz egal, von welcher Seite wir die Kanönchen erhalten, zumal man uns sowieso immer die ältesten Modelle schickt.

Reporter: Was tun Sie denn mit den Kanönchen?

Scheich: Wir vergraben sie.

Reporter: Aha, wie die Indianer ihre Kriegsbeile, was?

Scheich: Genau so, nur aus anderen Gründen: Zu uns kommen nämlich oft Archäologen. Sie machen Ausgrabungen und freuen sich dann immer, wenn sie was finden. Stoßen sie dann auf die Kanönchen, schlagen sie meist ihre Hände über unseren Köpfen zusammen und rufen aus: »Götter, Gräber und Gelehrte! Was sind denn das für Dinger? Die sind ja direkt zum Schießen!«

Reporter: Jetzt hätte ich noch eine Bitte, Herr Scheich! Sagen Sie doch bitte mal irgendeinen Satz in Ihrer Landessprache, ja?!

Scheich: Da bedaure ich! Ich beherrsche diese Sprache nicht.

Reporter: Was, Sie als Regierender Fürst beherrschen ein ganzes Volk, aber nicht dessen Sprache? Das verstehe ich nicht!!!

Scheich: Aber warum regen Sie sich darüber auf? Das hat man doch auch in anderen Ländern, dass die Regierung eine andere Sprache spricht als das Volk …!

Versuch einer Conférence

Eine gute Conférence soll aus drei Teilen bestehen, wenn sie bestehen soll: nämlich aus dem ersten, dem zweiten und dem dritten Teil.

Bei einer Konferenz ist es so ähnlich, nur ganz anders; denn es ist kein Geheimnis, dass zwischen einer Konferenz und einer Conférence eine große Kluft klafft: Während bei einer Konferenz meistens nichts herauskommt, kommt nach einer Conférence immer etwas heraus – und zwar der oder die, den oder die man gerade con**fériert** hat!

Lassen Sie mich bitte im Folgenden eine Conférence – als Muster ohne Wert – vorführen!

Meine Damen und Herren! Ich heiße nicht nur Fritz Dämlich, sondern Sie auch herzlich willkommen!

Nachdem ich mich hier auf der Bühne versammelt habe, habe ich zunächst ein kleines Bedürfnis: Ich möchte nämlich etwas fallen lassen – und zwar die Bemerkung, dass es leichter ist, den Mund zu halten, als eine Rede! Aber es wandelt mich die Lust an, Ihnen recht herzlich dafür zu danken, dass Sie sich hier teils nieder-, teils herabgelassen haben, um das gelassen an sich vorüberziehen zu lassen, was wir hier oben vom Stapel zu lassen die niedrige Stirn haben! Gewiss, wir könnten es auch lassen – aber lassen wir das! Lassen Sie uns lieber den Abend genießen, Genossen – nein – genossen wir doch selten einen so schönen!

Sie habens gut! Sie können sich hersetzen und sich von Ihren Sorgen absetzen – aber wir hier oben müssen uns einsetzen, damit wir uns durchsetzen und Sie nicht entsetzen!!!

Wir wollen heute ausnahmsweise mit dem Anfang beginnen, obwohl ein *Anfang* immer *schrecklich* ist! Schon Madame Plissee, die Vielfältige, sprach vom »Anfang terrible«! –

Eigentlich wollte ich heute persönlich hier erscheinen, nun kam ich aber selbst. Ich sagte mir, dass tagtäglich überall in der Welt so viel Unnützes hergestellt wird, da könne ich mich auch mal herstellen! Nun müssen Sie sich aber vorstellen: Ich komme direkt von der Riviera! Man spricht immer vom »teuren Vaterland« – aber, das können Sie mir glauben, da ist es noch viel teurer! Das Meer dort ist allerdings herrlich! Es reicht genau bis zum Ufer! Das Dumme ist nur: Dicke Rohre ragen ins Meer hinein. Sie sind dazu da, die Abwässer der umliegenden Hotels abzuleiten. Wenn man nun am nächsten Morgen baden geht, trifft man immer alte Bekannte – – –

Nun ja, deshalb heißt die Gegend dort auch »Kot d'Azur«.

Berge sind *auch* erhebend!

Wenn im Winter der Schnee so rumliegt – was soll er auch anderes machen? – und man ganz, ganz oben steht mit Schneeschuhen unter den Sandalen und dann die – verzeihen Sie mir das folgende Wort – Piste hinabsaust, herrlich!

Nun war ich ja damals nicht allein in den Bergen: Eine bekannte Freundin von mir war mit von der Partie.

Sie war ein nettes Ding – bloß ein bisschen dünn! Ein typisches Dünn-Format war sie! Unter uns gesagt, sie sah aus wie eine Hundehütte: in jeder Ecke ein Knochen.

Wie ich also lossauste, rief sie mir nach: »Hals- und Beinbruch!« Aber ich bin ja nicht verrückt! Ich tue doch nicht das, was sie will – und da habe ich mir den Arm gebrochen … Und ich breche jetzt auch – nämlich was ab, und zwar meine Rede! Denn nun wird eine Künstlerin diese Bühne bevölkern, eine Tänzerin, die

Sie alle vom Schallfunk und von der Rundplatte her kennen: Es ist Adelaide Pimpelfors!
Was für eine Sängerin das hohe C ist, ist für eine Tänzerin der große Zeh!
Adjee! (ab)

Tänzerin tritt auf

Der Anruf

Neulich rief ein Herr bei mir an – und dann noch telefonisch! – und sagte: »Ich soll Sie im Auftrag des Fernsehens fragen, ob Sie Lust hätten, alle zwei Wochen zehn Minuten lang im Fernsehen zu plaudern?!« Worauf ich die Stirn hatte, sie zu runzeln, und antwortete: »Alle zwei Wochen zehn Minuten? Geht es nicht vielleicht alle zehn Wochen zwei Minuten?« – »Aber, Sie haben doch nicht etwa Angst? Was fällt Ihnen ein?« – »Ja, das ist es eben! Was fällt *mir* schon ein? Es ist gar nicht so einfach, zehn Minuten lang über etwas zu plaudern, was keinen Menschen interessiert!« – »Sie sollen ja über ein *interessantes* Thema plaudern – und zwar über das Fernsehprogramm!« – »Ach, du grüne Neune! Über das Fernsehprogramm soll ich plaudern? Lohnt es denn überhaupt, über so was Worte zu verlieren?« Ich sah direkt, wie der Herr seine Faust fletschte. Aber ruhig sprach er weiter: »Sie sollen über das Programm sprechen, das im Fernsehen bereits gesendet worden ist!« – »Ach so! Über das soll ich sprechen, was *war*! Ja, lieber Herr, gern! Aber was *war* denn schon im Fernsehen?«

Aus meinem Leben

Zu Beginn

Es war an einem 20. Februar.

Das Thermometer zeigte 11 Grad minus und die Uhr 11 Uhr vormittags, als vor unserem Haus das Hauptwasserrohr platzte. Im Nu war die Straße überschwemmt und im gleichen Nu gefroren. Die umliegenden Kinder kamen zuhauf, um auf ihren Schuhen schlitt zu laufen.

Ich selbst konnte mich an diesem fröhlichen Treiben nicht beteiligen, weil ich noch nicht geboren war. Dieses Ereignis fand erst gegen Abend statt.

Und da war die Eisbahn längst gestreut und unbrauchbar geworden.

Das Eislaufen habe ich bis heute nicht gelernt. Auch schwimmen kann ich nicht. Aber zeichnen!

Also zeichne ich hochachtungsvoll
Ihr

Wieso ich Dichter wurde

Als ich das Gaslicht der Welt erblickte, war ich noch verhältnismäßig jung.

Meine Eltern waren zwei Stück, und mein Vater war sehr reich: Er hatte zwei Villen, einen guten und einen bösen.

Und eines Tages – es war sehr kalt, und ich fror vor mich hin, denn nicht nur meine Mutter, auch der Ofen war ausgegangen – teilte sich plötzlich die Wand, und eine wunderschöne Fee erschien! Sie hatte ein faltenreiches Gewand und ein ebensolches Gesicht. Sie schritt auf meine Lagerstatt zu und sprach also: »Na, mein Junge, was willst du denn mal werden?« Ich antwortete – im Hinblick auf meine ziemlich feuchten Windeln: »Ach, gute Tante, vor allem möcht ich gern ›dichter‹ werden!« Das hatte die Fee missverstanden, was du, geduldiger Leser, dem vorliegenden Buch unschwer entnehmen kannst!

Meine Geburt

Sie fand im Saale statt. Im Kreissaal.

Und schon war ich sauer! Merkte ich doch gleich, dass auf Erden fast alles Lug und Trug ist!

Denn wieso heißt ein Kreissaal *Kreissaal*, wenn er *viereckig* ist?! Erst viel später lernte ich – und auch nicht in der Schule –, dass man diesen Saal mit »ß« schreibt ...

Kaum hatten sich mir meine Eltern vorgestellt – ich hatte sie mir ganz anders vorgestellt – fanden sie mich »nein, wie reizend«! Dabei hatte ich kaum Haare auf dem Kopf, geschweige denn Zähne, auch war ich überall recht dick.

Kurz, ich sah aus wie jetzt! –

Bald darauf erschien Onkel Harry und fotografierte mich von sämtlichen Seiten. Besonders gelang ihm die Aufnahme, wo ich völlig entkleidet bäuchlings auf einem Bärenfell liege – wobei weder das Nackte die finanzielle Situation meines Vaters noch das Bärenfell meine rein germanische Abstammung dokumentieren sollte ...

Leider muss ich Sie um den Genuss dieses Aktfotos bringen, weil der Verlag meinte, es sei immerhin möglich, dass ein *Jugendlicher* das Buch aus Versehen kaufen, dann Anstoß an meinem Körper und damit Schaden an seiner Seele nehmen könnte! Denn, bedenken Sie: Ich trug damals nicht einmal eine Brille ...

Die Eltern

Eltern bestehen in der Regel aus zwei Personen.

Es sollen allerdings auch Fälle bekannt geworden sein, wo der Vater unbekannt ist. Von diesen überaus *seltenen* Fällen zeugt schon die im 17. Jahrhundert entstandene deutsche Volks- oder, besser gesagt, Halbwaise: Zeig mir mal dein Muttermal – dann zeig ich dir dein' Vater mal.Nun, ich konnte mich nicht beklagen: Ich hatte *drei* Väter! Und ebenso viele Mütter!

Diese Vielzahl an Eltern ist darauf zurückzuführen, dass sowohl mein Vater als auch meine Mutter jeweils dreimal verheiratet waren.

Da nun aber nicht nur sie, sondern auch die Angeheirateten immer wieder heirateten, so besaß ich in den Zwanzigerjahren nicht weniger als einundzwanzig lebende Großelternteile, nämlich elf Großväter und zehn Großmütter …

Alle Vä- und Mütter, aber auch deren Eltern kannten sich untereinander, vertrugen sich glänzend und verwöhnten mich. Und das nicht nur zur Weihnachtszeit …

Man reichte mich ständig herum, und manchmal reichte es mir! Es bleibt unerfindlich, wie ich damals alle Angehörigen auseinanderhalten konnte – ganz abgesehen von den fast täglich neu hinzukommenden Onkels und Tanten, die man ja auch noch mit Namen anreden musste!

Jedenfalls erinnere ich mich, eine Liste angefertigt zu haben, die ich erst aus der Tasche und dann zurate zog, wenn ich gar nicht mehr weiterwusste. Sie ist in den Wirren des letzten – und hoffentlich wirklich letzten – Krieges ebenso verloren gegangen wie die Mehrzahl der in ihr aufgeführten Verwandten …

Früheste Kindheit

Die Überschrift verbrachte ich in *Riga,* wo ich quasi zweimal zur Welt kam: am 7. Februar nach russischer und am 20. Februar nach hiesiger Zeitrechnung.

Im Datum, das muss man den Russen lassen, waren sie uns entschieden voraus!

Während in jenen Tagen Mütterchen Russland von Väterchen Zar beherrscht wurde, wuchs ich ziemlich unbeherrscht auf; denn meine Eltern waren meine Großeltern.

Sie waren so gut zu mir, dass es schon wieder schlecht war! Wenn ich, Gott behüte, nur einmal nieste, musste ich für eine Woche ins Bett, und hustete ich gar, für zwei Wochen! Schließlich war ich derart verweichlicht, dass ich nur noch nieste oder hustete – oder beides.

Trotzdem erinnere ich mich eines Tages, an dem ich nicht im Bett lag.

Er war herrlich warm, und ich tollte mit meiner Njanja – so hießen die dortigen Kindermädchen – im Garten herum, obwohl die Njanja wahrscheinlich viel lieber ruhig dagesessen hätte …

Auf der Terrasse aber saß Großmütterchen und häkelte. Oder strickte.

Sie saß auf einem Klappstühlchen, und an einem Bein (des Klappstühlchens) war unser Mops Doggi angebunden. Plötzlich musste er eine Möpsin oder etwas in der Art auf der vorüberführenden Straße gewittert haben …! Kurz und gut – oder vielmehr gar nicht gut: Er nahm einen gewaltigen Anlauf und raste mitsamt dem Klappstühlchen – aber ohne Oma – von dannen!

Großmütterchen hatte inzwischen auf den harten Steinen der

Terrasse Platz genommen, worüber ich in unbändiges Lachen ausbrach – ein Beweis für meinen schon damals stark ausgeprägten Sinn für Humor … Großmütterchen hatte aber keinen! Nachdem sie sich mithilfe der Njanja erhoben hatte, erhielt ich die erste Ohrfeige meines Lebens – nicht ahnend, wie viele Ohrfeigen ich späterhin von anderen noch würde einstecken müssen …

Natürlich fing ich jämmerlich zu weinen an. Das wiederum rührte Großmütterchen. Sie nahm mich auf ihren ausgedehnten Schoß und drückte mein Gesicht an ihre ebensolche Brust.

Als ich mit dem Weinen nachließ und das Antlitz wieder erhob, war ich völlig schwarz: Die Pailletten von Großmütterchens Kleid hatten abgefärbt …

Nun war es an Großmütterchen, herzlich zu lachen! Überhaupt zeichnete sich unser Garten durch Lachen aus – besonders nach starken Regenfällen …

Onkel Harry

Onkel Harry wohnte im vierten Stock, weil im dritten schon jemand anders wohnte.

Er hatte eine schöne Wohnung – mit Zimmern drin und Wänden an den Seiten.

Es grenzte aber nicht nur ein Zimmer an das andere, sondern schon fast an Wahnsinn, wie viele Bilder seine Nägel zierten.

Auch schöne Radierungen hatte er – besonders in den Geschäftsbüchern, wie er oft scherzhaft zu bemerken liebte.

Von seiner Frau, meiner Tante Luise, sagte er immer, ihre Eltern hätten, als sie noch ein Baby war, sehnsüchtig darauf gewartet, dass sie endlich spräche – nun warte er ebenso sehnsüchtig darauf, dass sie endlich einmal damit aufhöre!

Alle liebten Onkel Harry, weil er humorvoll war, und unzählbar waren seine Freunde, solange er Geld besaß. Bevor er völlig verarmt in seinem Rauchzimmer – er nannte es so, weil dort der Ofen immer so rauchte – starb, schrieb er doppelzüngig in sein Tagebuch: »Ich hatte mehr Freunde, als ich verdiente …!«

Unsere Buche

Inmitten des Gartens, in dem ich im vorigen Kapitel spielte, stand eine Buche, wie sie im Buche stand.

Ob Frühling, Sommer oder Herbst – immer ließ sie was fallen, und ihr riesiges Blätterdach verdunkelte unsere Gemächer.

Mein Großpapa hätte schon längst die Buche einen Stamm kürzer machen lassen, wenn nicht die Gartenbaubehörde – so was gabs damals auch bereits – ihn darauf aufmerksam gemacht hätte, dass besagter Baum zwar in seinem Garten, aber unter Naturschutz stehe! Sie dürfe also – selbst wenn sie nicht gefällt – nicht gefällt werden!

Onkel Harry wusste, wie immer, Rat. Er bohrte große Löcher in die Wurzel – kein Zahnarzt hätte es besser gemacht! – und goss literweise Salzsäure in die Wunden. Dann verschloss er die Löcher mit Gips und versprach, dass nun die Tage der Buche gezählt seien! – Wir brauchten die Tage nicht zu zählen; denn noch nie zuvor hat diese Buche so schön geblüht wie in den Jahren danach!

Wahrscheinlich verdunkelt sie auch heute noch die umliegenden Räume, wenn nicht – was durchaus anzunehmen ist – die Bolschewisten sie ihrer *Krone* beraubt haben ...

St. Leninburg

Man kommt ganz durchhin!

Natürlich hieß die Stadt St. Petersburg, aber nicht mehr lange: Schon ab 1914 nannte sie sich *Petrograd*, um schließlich 1924 in *Leningrad* umgetauft zu werden – wobei ich nicht ganz sicher bin, ob bei der dort herrschenden Regierungsform die Vokabel »getauft« überhaupt am Platze ist ...?

Es war im Herbst 1916, als mich meine Mutter raubte und nach Petrograd brachte, weil sie mich mit dem Stiefvater Nummro 1 bekannt machen wollte.

Ich war sieben Jahre alt. – Und jetzt bitte ich Sie, nicht nur die Gelegenheit, sondern auch Papier und Kugelschreiber zu ergreifen, um folgende mittelschwere Rechenaufgabe zu lösen: Ein Knabe wird 1916 sieben Jahre alt. In welchem Jahr wurde er geboren? (Lösung der Aufgabe im nächsten Buch.) –

Doch nun will ich nicht länger abschweifen und in die damalige Hauptstadt des Russischen Reiches zurückkehren.

Das erstaunlichste und sicher auch sicherste *Vermögen*, das ein Mensch besitzt, ist zweifellos das Erinnerungs*vermögen!* Und so erinnere ich mich an etwas, das – sozial betrachtet – nicht ohne Interesse sein dürfte!

Durch die Vororte Petrograds puffte damals eine mit Dampf betriebene Straßenbahn, die die anliegenden Häuser reichlich mit übel riechendem Rauch versorgte.

Die ausschließlich armen Leute dieser Gegend aber murrten nicht! Im Gegenteil! Sie hingen nicht nur an ihrer Dampfbahn, sondern auch rohe Heringe an die Fensterkreuze, um sie (die Heringe) nach mehrmaliger Vorbeifahrt der Straßenbahn frisch geräuchert zu verzehren ...

Verzehrt von Heimweh durfte ich bald nach Riga zurückkehren, um dort in jenes Institut einzutreten, das sich damit beschäftigte, unschuldigen Kindern das Lesen und Rechnen beizubringen – beides Dinge, die für das Studium dieses Buches unerlässlich sind …

Wie ich wurde

Ich war ein Wunderkind; denn ich konnte schon mit sechs Jahren und einem Finger »Hänschen klein« auf dem Klavier spielen. Fürwahr erstaunlich!

Als ich dann als Zehnjähriger wiederum geraubt wurde – diesmal zur Abwechslung von meinem Vater – und er mich zu seiner zweiten Frau und meiner ersten Stiefmutter nach Osnabrück brachte, wo er Kapellmeister am Stadttheater war, da erst nahmen mich die Musen / an ihren Busen / und begannen zu schmusen – – wie es schon so schön bei dem englischen Dichter Chateaubriand heißt. (Oder hieß er Entrecôte?)

Ich begann also, Gedichte zu machen, die sich sogar ab und zu hinten reimten. Bitte, hier ist so ein Frühwerk – *früh* im wahrsten Sinne des Wortes!

Wandrer am Morgen

Morgens, wenn noch alle schlafen
und noch alles liegt in Ruh,
geht der Wandrer aus dem Hause
und dem fernen Ziele zu.
Gar nichts rührt sich,
gar nichts regt sich,
selbst der Wind ist noch nicht wach –
nur die frühen Lerchen singen,
und der Wandrer macht es nach …

Wie Sie sehen, befleißigte ich mich schon in jungen Jahren der *Kurzform* – nicht, weil ich ein Verfechter der Thesen »kurz und gut« oder »Kürze-Würze« war und bin, sondern einfach deshalb, weil ich an ungenügender Länge meiner Gedanken litt und leide! –

Übrigens: Anhand des nun folgenden Beispiels können Sie feststellen, wie die Zeit in einem schöpferischen Menschen arbeitet, und wie der Dichter oft Jahre des Reifens benötigt, um seinem Werk *die* Gestalt zu geben, die auch die Nachwelt begeistern soll und wird! Bitte vergleichen Sie meinen obigen »Wandrer am Morgen« mit dem vierzig Jahre später entstandenen

Wandrer am Abend

Abends, wenn schon alle schlafen
und schon alles liegt in Ruh,
geht der Wandrer aus dem Hause
und dem nahen Ziele zu.
Gar nichts rührt sich, gar nichts regt sich,
selbst der Wind schläft schon ganz fest –
nur der Wandrer in der Kneipe
singt, solange man ihn lässt.

Doch zurück zum Damals!

Plötzlich fing ich an, ernstlich Musik zu studieren und vier Stunden täglich Klavier zu üben. So war es kein Wunder, dass ich schon bald »Hänschen klein« völlig fehlerfrei mit *zwei* Fingern spielen konnte!

Mein größter Erfolg aber war »Die Schlacht bei Leipzig«! Sie ging so: Ich setzte mich mit aller Kraft und dem Hinterteil auf die verschiedensten Stellen der Klaviatur, wodurch ich den Donner der Geschütze und die Einschläge der Granaten *treffend* demonstrierte! Der Leser muss zugeben, dass ich schon damals recht vielseitig war …

Die Schulzeit

Von ihr schweige ich lieber ...
Dass ich aber elf Jahre in der Sexta gesessen und dann geheiratet
hätte – nämlich die Lehrerin, ist ein Gerücht, dem ich mit aller
Schärfe entgegentreten muss!!!

Nachtrag

Nachtragend – ohne nachtragend zu sein – möchte ich hier einer
Episode gedenken, die mich fast das Abschlusszeugnis gekostet
hätte – was furchtbar gewesen wäre, weil ich es nie gebraucht
habe ...
Nach langen Irrfahrten – mein Papa dirigierte ja jedes Jahr an
einem anderen Stadttheater – versuchte ich schließlich die mitt-
lere Reife zu erlangen, was mir aber erst gelang, als ich überreif
war. Und da geschahs denn, dass ich zum dritten und letzten
Mal geraubt wurde – nun wieder einmal von Mütterchen!
Mit zwie-, ja, mit fast einspältigen Gefühlen trat ich die Rückrei-
se in meine Heimat an: Sollte ich doch dort die Schule beenden!
Riga war inzwischen, unter regster Anteilnahme der ganzen
Welt, zur Hauptstadt Lettlands geworden; und um alles Deutsche
rigoros auszumerzen, wurde als Erstes Riga in Rīga umbenannt.
Ich trat also in die Obersekunda des Deutschen Gymnasiums
ein, gleichzeitig aber auch auf! Und zwar durfte ich dank meiner
musischen Fähigkeiten bei festlichen Anlässen, wie Todesfällen
und dergleichen, in der Aula die Große Orgel spielen!
Gelegentlich eines lettischen Staatsfeiertages, bei dem wir
Deutschbalten resp. Baltendeutschen begeistert mitmachen mussten, improvisierte ich beim Einzug der Schüler in die Aula mit
beiden Händen eine ernste Weise, während ich unten mit dem

Pedal – kunstvoll verwoben – »Ein Paradies am Meeresstrand«
von Paul Abraham, dessen Operette »Blume von Hawaii« (auf
lettisch hieß sie »Havajas puke«) ich tags zuvor in der Lettischen
Nationaloper gehört hatte, erklingen ließ.

Obwohl ich diese bekannte Melodie nur mit Füßen getreten hatte, bekam sie mein Lehrkörper in den falschen Hals – aber leider
ins richtige Ohr, und so sollte ich denn kurzerhand relegiert werden! Mein schärfster Wider- und immer Widersacher war der
sittlich entrüstete Musiklehrer!

Nur dank der Musikalität und des Humors meines Religions-
lehrers, der sich mit der ganzen Wucht seiner Persönlichkeit für
mich einsetzte, durfte ich die Anstalt bis zum bitteren Ende aus-
kosten …

Nächtlicher Besuch

Mit zwanzig Jahren begann ich zu handeln – und zwar mit Noten und Klavieren.

Das lag nahe – das großväterliche Musikgeschäft. Nur ein paar Minuten zu Fuß – und ich befand mich inmitten hehrster Kunst, dachte ich!

In Wirklichkeit ist es völlig Wurst, ob man mit Käse handelt oder mit Musik: Immer kauft man billiger ein, um teurer zu verkaufen.

Als ich diese meine rein persönliche Meinung in aller Öffentlichkeit preisgab, verhüllte mein von hanseatischem Kaufmannsgeist erfüllter Großvater sein Haupt!

Er beruhigte sich erst, nachdem ich ihm eines Tages eröffnet hatte, ich würde den *Ratten*, die seit je und eh ausgerechnet den kostbaren, in Leinen gebundenen Notenwerken auf den Leim gingen, zu Leibe rücken!

Die Jagdleidenschaft und eine alte Flinte hatte ich von Onkel Harry geerbt. Er war ein Nimrod, obwohl seine Hände beim Zielen immer gewaltig zitterten – aber nicht, weil er vorm Knall Angst gehabt hätte oder weil ihn fror – nein, weil seine Hände *immer* zitterten.

Doch wie alles sein Gutes hat, so hatte auch dieses an sich lästige Leiden lustige Vorteile: Gelang es Onkel Harry doch zuweilen, durch sein Zittern eine über das normale Maß hinausgehende Streuung des Schrotes zu erzielen. Manchmal fühlten sich durch *einen* Schuss – und das ist keine Ente! – gleich drei bis vier Exemplare dieses Geflügels getroffen und gingen gleichzeitig zu Boden …

Ich aber ging in den Keller, holte die Flinte und begab mich eines Sonntagabends ins Geschäft. …

Es muss ungefähr Mitternacht gewesen sein – ich hatte kaum ein paar Stunden bequem in Großvaters Lehnstuhl, den ich seinem Büro entlehnt hatte, gesessen – als plötzlich die Tür mir gegenüber sich zu öffnen schien und ein langer, gepflegter Vollbart eintrat – mit einem älteren Herrn dran.

»Ges-tatten Sie«, sagte der Vollbart, »mein Name ist *Johannes Brahms! – S-töre ich?«*

»Aber nicht im Geringsten, verehrter Meister! Weder stören Sie mich, noch stört mich Ihr Hamburger Dialekt!«, rief ich aus.

»Ach, hören Sie mir bloß mit Hamburg auf! Diese S-tadt hat sich bis jetzt recht undankbar gezeigt: Kein Platz, keine Brücke ist nach mir benannt worden! Nur so eine müde Allee, in die kaum ein Mensch kommt – – –«

»Das kommt vielleicht daher«, wagte ich einzuwenden, »weil Sie, statt Ihre *Heimatstadt* zu besingen, lieber *Ungarische Tänze* komponiert haben! – Sehen Sie, Ihr Kollege Rimskij-Korsakow zum Beispiel, der Ihnen nicht das Wasser der Newa oder eines anderen russischen Flusses reichen kann und mit Hamburg nicht das Entfernteste zu tun hat – dazu lebte er viel zu entfernt –, widmete immerhin Ihrer Stadt seinen berühmten *Hummel*flug!«

»*Mors!*«, knurrte Brahms, »da mögen Sie in etwa recht haben, junger Mann! Aber eine Frage hätte ich noch: Wie verkauft sich eigentlich mein Wiegenlied *Guten Abend, gut Nacht?«*

»Das von Mozart verkauft sich besser!«, erwiderte ich wahrheitsgemäß, worauf er, angewidert sein mächtiges Haupt schüttelnd, murmelte: »Natürlich! Weil da ein Prinzchen vorkommt.« Und langsam und völlig löste er sich in Nichts auf …

Auch ich war völlig aufgelöst! – Aber nicht lange!! Denn schon wieder wurde die Tür aufgerissen, und ziemlich abgerissen stürzte – wahrhaftiger Gott! – *Ludwig van Beethoven* herein!

»Na, noch so spät auf?«, fragte ich etwas vorlaut. Aber obwohl scheinbar anwesend, war er anscheinend abwesend! Er kritzelte Noten in sein Notizbuch und summte eine Melodie, die ich nicht kannte. Dabei war sie von Beethoven ...!

»Was wird denn das, wenn es fertig ist?«, wollte ich wissen. Er beachtete mich jedoch nicht – bis es mir wie Schuppen von den Haaren fiel: Er kann ja nicht *hören*, der Arme! Und mit solch schlechtem Gehör komponiert er so gute Sachen!

Und unsere zeitgenössischen Komponisten hören so *gut!* Und ...

Während ich diesen Gedanken noch weiter ausspann, spannte Beethoven seinen Regenschirm auf, flog durchs Fenster und genau dem Mondschein entgegen, wo ihn schon seine Sonate erwartete ...

Ich saß inzwischen erwartungsvoll da und dachte, wer kommt nu?!

Und da kam einer, den ich am wenigsten hier erwartet hätte – nämlich Goethe!!

Was wollte Goethe in einem Musikgeschäft, er, der von Musik genauso viel verstand wie ein Igel vom Zähneputzen? Weiß Gott, er passte hierher; wie der Faust aufs Auge ...

»Guten Abend, Herr Geheimrat!«, sagte ich höflich.

»Nun, auch Sie verwechseln mich leider! Ich bin Hauptmann!«

»Ach so! Aber wenn Sie in Zivil sind, kann man das nicht so sehen!«

»Sie irren abermals! Ich bin *Gerhart Hauptmann!* Ich bin hergekommen – vor Sonnenaufgang natürlich –, um meine unartigen Kinder zur Ordnung zu rufen! Sie haben, wie ich hörte, in Ihrem Geschäft viel Unheil angerichtet, *die Ratten?*«

»Jawohl, Herr Hauptmann!«

»Na, dann will ich mal mit ihnen reden! Im Keller unten!«

Während er langsam versank, als wollte er es seiner »Versunkenen Glocke« gleichtun, versank auch ich – in einen tiefen, jetzt traumlosen Schlaf, aus dem mich erst die Glocke der Registrierkasse erweckte …

Einladungen

In Deutschland wird die Moral immer groß geschrieben – auch aus sittlichen Gründen. Hauptsächlich aber wegen der Rechtschreibung, die dir befiehlt, Hauptworte, auch wenn sie dir unwichtig erscheinen, stets großzuschreiben. In meiner Heimat jedoch war es *ganz* schlimm! Nie wäre es dir möglich gewesen, *allein* mit einem Mädchen ins Kaffee, Kino oder gar zum Tanzen zu gehen, ohne dass ihr tags darauf als verlobt galtet. Und das war gefährlich!

Um nun heiratsfähige Töchter trotzdem an den vorsichtigen Mann zu bringen, wurdest du als Junggeselle oft und gern von Töchter habenden Familien nach Hause eingeladen. Da es eine Menge derartiger Familien gab, musstest du fast täglich woanders hin …

Manchmal war es sogar ganz gemütlich – besonders dann, wenn der »Schwiegerpapa« gern einen trank und nun froh war, in dir einen Kumpel gefunden zu haben. Nach dem Abendessen, wo dir von der Mama die Vorzüge der betreffenden Tochter aufs Butterbrot geschmiert wurden, gingst du mit dem Hausherrn in sein Allerheiligstes, und dort kipptet ihr einen köstlichen Wodka nach dem andern herunter.

Nach dem zehnten Schnaps taute selbst der eiskälteste Vater auf und meinte etwas lallend, seine Tochter sei gar nicht so besonders – sondern ganz im Gegenteil! Und seine Frau erst – oje! Er sei damals auch so einge- und dann verladen worden, und er habe einen Fehler gemacht usw. usw.

Nachdem du zu später Stunde – aber noch nicht zu spät – den Damen des Hauses sämtliche Hände geküsst und vor lauter Wodka nicht mehr wusstest, falls mehrere Töchter anwesend waren, *wel-*

cher du vorhin eigentlich den Hof gemacht hattest, verschwandest du gesättigt und »satt« auf Nimmerwiedersehen ...

Nun, es gab auch Familien mit zahlreichen Töchtern, die dem Alkohol abhold waren. Da du aber rechtzeitig von deinen Freunden, die da schon mal zu Gast sein mussten, gewarnt wurdest, nahmst du eine Flasche mit, indem du sie wohl verwahrt in deine Manteltasche stecktest.

Während des Abendbrots täuschtest du leichtes Unwohlsein vor und gingst – jegliche Begleitung strikt ablehnend – dorthin, wo dein Mantel hing. Dort zogst du die Flasche heraus und dich dann zurück ...

Schon nach ein paar Minuten kamst du in weit besserer Stimmung wieder; denn nun konntest du dich – dich auf deine Magenverstimmung berufend – weigern, den zähen Rehrücken, der dir ebenso hartnäckig auf der Zunge gelegen hatte wie die Bemerkung, du müsstest wohl ein Stück vom Geweih erwischt haben, zu Ende zu essen! Und beim Kompott, von dem die Hausfrau stolz berichtete, sie habe es persönlich eingeweckt – worauf du dir den Einwurf nicht verkneifen konntest, es sei schade, dass sie es wieder persönlich aufgeweckt habe – stattetest du abermals deiner Flasche einen nun etwas längeren Besuch ab.

Sie dankte es dir, indem sie die Stunden schneller verstreichen und deine rhetorischen Fähigkeiten in so hellem Licht erstrahlen ließ, dass deine »Zukünftige« in ebensolches Entzücken ausbrach ...

Und beim Abschiednehmen passierte es dann, dass deine »Schwiegermutter« allen Ernstes zu dir sagte: »Sehen Sie, mein Lieber, es ging auch ohne Alkohol!«

Worauf auch du gingst und nie wieder eingeladen wurdest, weil man in irgendeiner Ecke deine leere Flasche gefunden hatte ...

Bei dieser Gelegenheit möchte ich betonen, dass ich die Frau, mit der ich mich wirklich verlobte – dann sogar auch noch heiratete, und die mir so nach und nach vier Kinder schenkte, dass ich also diese Frau nicht im Suff, sondern im Fahrstuhl kennen lernte. Wir stiegen gleichzeitig im Parterre ein und drückten – welch Zufall! – beide auf dasselbe Knöpfchen. Und – unsere gemeinsame Fahrt nach oben ist, so hoffen wir, noch nicht beendet ...

Die Rolle

Ich sitze nicht gern im Zug! Sofort bekomme ich einen steifen Nacken – besonders an der Stelle, wo mein Schalk sitzt …
Aber ich sitze gern im Eisenbahnzug.
Als Erstes lege ich meine paar Beine auf den vis-à-vis Sitz, sofern er nicht bereits hinterrücks besetzt wurde, dann meine Stirn in Falten und denke nach. Aber meine Gedanken sind ebenso flüchtiger Natur wie die, die draußen vorbeisaust.
Manchmal lese ich auch ein gutes Buch – also nicht dieses – oder schwanke breitbeinig, wie man es bei der Marine lernte, in den Speisewagen, obgleich er eigentlich Speisenwagen heißen müsste, weil ja meist mehrere Speisen angeboten werden. Ich suche zuerst mir eine aus und dann einen Anknüpfungspunkt, um mit meinem Gegenüber ins Gespräch zu kommen; denn nichts ist mir unlieber, als eine durch kluge Gespräche ungewürzte Mahlzeit einzunehmen. Meist gelingt es mir, den Tischpartner für mich einzunehmen – es ist aber auch schon vorgekommen, dass er auf mein »Guten Appetit« antwortete: »Vielen Dank! Jedoch geht es Sie im Grunde genommen so gut wie fast wenig an, ob ich einen guten Appetit habe oder nicht! Kümmere ich mich etwa um Ihren Appetit?« Also – wenn mir so etwas widerfährt, bleibe ich äußerlich ruhig, aber innerlich schlage ich die Hände überm Kopf zusammen!
Mit zusammengebissenen Zähnen stecke ich die nächstbeste Kartoffel in den Mund und schlucke sie – gemeinsam mit der mir angetanen Kränkung – herunter, wo sie (die Kartoffel) dann beginnt, den Weg allen Fleisches zu gehen …
Und damit bin ich zwar noch nicht am Ziel meiner Reise, wohl aber beim Thema angelangt. –

In der Geschichte, die ich hier aufrollen möchte, spielt eine Rolle eine Rolle!

Ich rollte – es war 1933, in dem Jahr, in dem wir mit *heil*machen anfingen, was dann ab 1939 langsam wieder *kaputt*ging – ich rollte also im Speise(n)wagen des Zuges Berlin – Rīga durch Litauen. Wir hatten vor kurzem bei Tilsit die Grenze passiert, ohne dass was Bemerkenswertes passiert wäre, als ein Herr mir gegenüber Platz nahm mit einer Miene, als sei gerade einer auf sie getreten, und sie habe vergessen zu explodieren.

Beim Eintreffen seiner Suppe wünschte ich ihm routinegemäß »Guten Appetit«, worauf er mich anmurmelte: »Danke, der ist mir vergangen!« Mein »Warum denn?« ließ er unbeachtet.

Es verstrich einige Zeit – ich war schon beim Käse –, ehe wir wieder ins Gespräch kamen, und ich erfuhr, dass er Geflügelhändler sei. Nun machte ich einen kleinen Witz, indem ich meinte, dann seien wir ja Berufskollegen, denn auch ich handle mit Geflügeln – allerdings nicht mit Hühnern und Gänsen, wohl aber mit Bechstein und Blüthner.

Er blieb ernst wie die litauische Landschaft, die an uns vorüberkroch. Schließlich fragte ich ihn, wie schwer eigentlich ein Truthahn werden könne und was ein Pfund koste? »Zwanzig Mark!«, erwiderte er. Vor Erstaunen verhedderte sich der Tilsiter in meinen Zähnen. »So teuer? Das ist doch nicht möglich!« – »Doch! – Glauben Sie mir«, fuhr der Herr fort und sich gleichzeitig durchs Haar, »ich hatte zweihundert Pfund bei mir!« – »Um Himmelswillen«, rief ich aus, »das sind ja mindestens zwanzig Truthähne, wenn man pro Truthahn zehn Pfund rechnet! Konnten Sie denn die alle tragen?« – »Ach was«, flüsterte der Geflügelhändler, »ich meine natürlich zweihundert englische Pfund, die mich zweihundertmal zwanzig, also viertausend Mark gekostet hatten!« – »Nun verstehe ich«, warf ich a tempo ein und die Käserinde aus dem Fenster, »Sie wollten Devisen – – – !« – »Pst, Feind hört mit! Sie wissen ja, wie streng die Zöllner und ihre Bräuche sind!« – »Wem sagen Sie das«, entgegnete ich errötend; denn auch mein Gewissen war unrein, wie ein Kind vor dem Bad am Samstagabend!

Nun nahm mein Gegenüber den Daumen aus der Nase, dann einen Schluck aus dem Bierglas und endlich wieder das Wort, indem er erzählte: »Kurz vor der Grenze ging ich auf die Toilette und auf die kleine Rolle zu, die in diesem Raum eine so große spielt. Ich rollte sie fast völlig ab und dann wieder auf, eine Pfundnote nach der anderen fein säuberlich in sie hineinlegend – und damit auch die Devisenkontrolleure, wie ich glaubte. Nachdem ich die gesamten zweihundert Scheine auf diese an sich empfehlenswerte Weise unsichtbar gemacht hatte, suchte ich das Weite und mein Abteil auf. Hier harrte ich in Ruhe der Dinge, beziehungsweise der Zöllner, die nun kommen würden.

Sie kamen auch, sahen und gingen …

Kaum hatte sie der Zug ausgespien und sich wieder in Bewegung gesetzt, tat ich dasselbe. – Ich betrat den stillen Raum – – –

Sie können sich mein grenzenloses Entsetzen vorstellen, als ich feststellen musste, dass mit dem Grenzwechsel auch ein Rollenwechsel stattgefunden hatte! Die reichsdeutsche Rolle mit meinen Pfunden und dem Aufdruck GARANTIERT 400 BLATT war weg – dafür hing da eine litauische, die mich unbeschriftet und inhaltslos anstierte …

Nun werden Sie sicher verstehen, weshalb ich keinen rechten Appetit habe, nicht wahr?«

Wie ich zur Marine kam

Am 16. November 1941 zog ich aus; denn man zog mich ein!
Eigentlich sollte ich schon im September einrücken, aber es gelang mir; wieder auszurücken – und das kam so!
Als der Gestellungsbefehl mit der ersten Post eintraf, ging ich unbehänden Fußes zum zuständigen Wehrbezirkskommando in Berlin-Halensee. Man fragte mich, ob ich Tiere möge. »Natürlich«, sagte ich, »hauptsächlich Katzen und Hunde!« Und wie es mit den Pferden sei? »Aber sicher«, antwortete ich unsicher; denn mit Pferden hatte ich bislang nichts zu tun gehabt.
»Gut! Dann also Bespannte Schwere Artillerie in Küstrin!«
Na, Sie können sich ja denken, wie mir zumute war …
An einem herrlichen Septembertag morgens um fünf nahm ich Abschied von Weib und Kind, dann mein Pappköfferchen, darauf mich zusammen und schlich mannhaft zur S-Bahn.
Je näher der befohlene Versammlungsplatz heranrückte, desto mehr Väter, Mütter, Schwestern, Brüder, Bräute und Ehefrauen stiegen in Begleitung ihrer einrückenden Helden zu. Wir mussten richtig zusammenrücken!
Mit dem Pappkarton in der Hand und mehreren Klößen im Hals betrat ich betreten den bewussten Platz, und schon wurde ich von einem Wald- oder Wiesenwebel – es kann aber auch ein Feldwebel gewesen sein – angeschrien, wo ich denn hinwolle!!??!!
Erst zuckte ich am *ganzen* Körper zusammen, dann bloß mit der Schulter und zeigte ihm die Einladung, die mit den Worten begann: Sie haben sich usw. usw. »Der große Haufen da rechts!«, brüllte der Webel, und ich wankte davon.
Da ich von Hause aus recht schüchtern bin, stellte ich mich ganz bescheiden ans äußerste Ende des »Haufens« und wartete. –

Plötzlich stand wie aus dem Boden gestampft ein Leutnant vor uns und befahl: »Abzählen!«

Das klappte eigentlich schon ganz nett; bloß die Nummer dreizehn war abergläubisch und rief: »Zwölf a!«

Ich war der Dreiundsiebzigste und, wie gesagt, der Letzte. Kaum hatte ich meine Zahl heraus, als der Leutnant rief: »Die letzten drei wegtreten! Ich brauche nur siebzig!« Nie werde ich den traurigen Blick der Nummer dreizehn vergessen – hatte ihm doch der dumme, dumme Aberglaube nichts geholfen …

Wie ich nach Hause kam, weiß ich nicht mehr; ich weiß nur, dass ich zum ersten Mal in meinem Leben einen Kopfstand machte, der sogar auf Anhieb gelang, und dass meine Frau mich lange ansah – erst ent-, dann begeistert!

Am gleichen Abend stand ich wieder strahlend auf der Bühne des Kabaretts der Komiker und hatte zehn Hervorrufe – was mich nicht weiter verwunderte, ist doch zehn die Quersumme von dreiundsiebzig …

Aber schon im Oktober kam der nächste Gestellungsbefehl – diesmal mit der zweiten Post.

Und wieder begab ich mich zum Wehrbezirkskommando. Mit dem festen Vorsatz, Pferde, ja auch Hunde und Katzen völlig abzulehnen, betrat ich es.

»Treiben Sie Sport?«, lautete diesmal die Frage. Schlau, wie ich nun einmal bin, antwortete ich: »Nein, überhaupt nicht!« – »Können Sie Rad fahren?« Nun, das war meine große Leidenschaft – also sagte ich: »Jawoll!« – »Schön! Dann kommen Sie zu den Radfahrern nach Brandenburg!«

Mir war auch nicht viel wohler als das erste Mal … Wieder war es fünf Uhr morgens, als Pappi mit der Pappschachtel loszuckelte. Diesmal nahm ich die U-Bahn …

Ein riesiger Kasernenhof verschluckte mich, und wieder umzingelten mich wehklagend fremde Angehörige, aber – und das war mir ebenso fremd – kein Dienstgrad schrie mich an! Im Gegenteil!

Man fragte mich freundlich, wohin es mich zöge, worauf ich – wie gehabt – den bekannten Schein vorwies. »Nach links, bitte, da, wo der kleine Haufen steht!« Aha, dachte ich beim Anblick der paar Radfahrer; es scheint doch nicht so viele davon zu geben, wie allgemein behauptet wird …

Ich gesellte mich also zu ihnen.

Plötzlich steuerte ein Offizier auf uns zu und musterte uns leutseligen Auges. Als sein Auge – ich glaube, es war das rechte – auf mir zu ruhen geruhte, stutzte er und trat auf mich zu: »Sind Sie nicht dieser Klavierhumorist, über den ich noch gestern im Kabarett der Komiker so herzlich gelacht habe?« – »Jawohl!«, erwiderte ich, so gut es mir die Klöße im Halse gestatteten. »Machen Sie, dass Sie wegkommen!«, flüsterte er mir zu, drehte sich um und ging.

Und ich auch. Was heißt, ich ging? Ich rannte und rannte…!

Selbst ein Radfahrer hätte Mühe gehabt, mich einzuholen …

Ausgerechnet am 11.11. musste ich wieder zum Wehrbezirkskommando. »Diesmal aber«, sprach ich zu mir, »bist du nicht so dumm! Weder kannst du Rad fahren, noch bist du tierlieb, kurz, du kannst und bist gar nichts!«

So gerüstet betrat ich die mir schon lieb gewordenen Räume …

Der Wehrbezirkskommandant begrüßte mich, als seien wir Freunde: »Na, mein Lieber, hat es das letzte Mal wieder nicht geklappt?« – »Nein, leider!« – »Nun, man hört ja so allerhand von Ihnen! Kabarett der Komiker und so! Was machen Sie da eigentlich?« – »Ich singe Chansons und begleite mich selbst am

Klavier.« – »So, Sie können Klavier spielen? Das ist ja großartig! Das Musikkorps der Kriegsmarine in Stralsund sucht einen Klavierspieler. Für was die den brauchen, weiß ich nicht! Die werden doch nicht, wenn sie durch die Stadt marschieren, ein Klavier vorneweg schieben?! Ha-ha-ha! Ist ja auch egal! Hätten Sie Lust?!«

Na und ob! Und so kam ich als Nichtschwimmer und Brillenträger zur Marine …!

Weihnachten 1944

(Als ich keinen Urlaub bekam)

Wenn es in der Welt dezembert
und der Mond wie ein Kamembert
gelblich rund, mit etwas Schimmel
angetan, am Winterhimmel
heimwärts zu den Seinen irrt
und der Tag stets kürzer wird –
sozusagen wird zum Kurztag –,
dann hats Christkindlein Geburtstag!

Ach, wie ist man dann vergnügt,
wenn man einen Urlaub kriegt.
Andrerseits, wie ist man traurig,
wenn es heißt: »Nein, da bedaur' ich!«
Also greift man dann entweder
zu dem Blei oder der Feder
und schreibt schleunigst auf Papier
ein Gedicht, wie dieses hier:

Die Berge, die Meere, den Geist und das Leben
hat Gott zum Geschenk uns gemacht;
doch uns auch den Frieden, den Frieden zu geben,
das hat er nicht fertig gebracht!
Wir tasten und irren, vergehen und werden,
wir kämpfen mal so und mal so ...
Vielleicht gibts doch richtigen Frieden auf Erden?
Vielleicht grade jetzt? – – Aber wo? ...

Baltische Aufforderung*

Schatzchen! Komm mit mir auf Wiese,
Sonnchen strahlt und Blume sprießt!
Übern Arm nimm Schirm und Mantel,
falls der Fall kommt, dass es gießt!

Unter uns wird Mantel liegen,
unterm Schirm, da werden wir.
Keiner kann dann nichts was hören,
was ich sag – und was du mir …

* *geeignet ab 18*

185

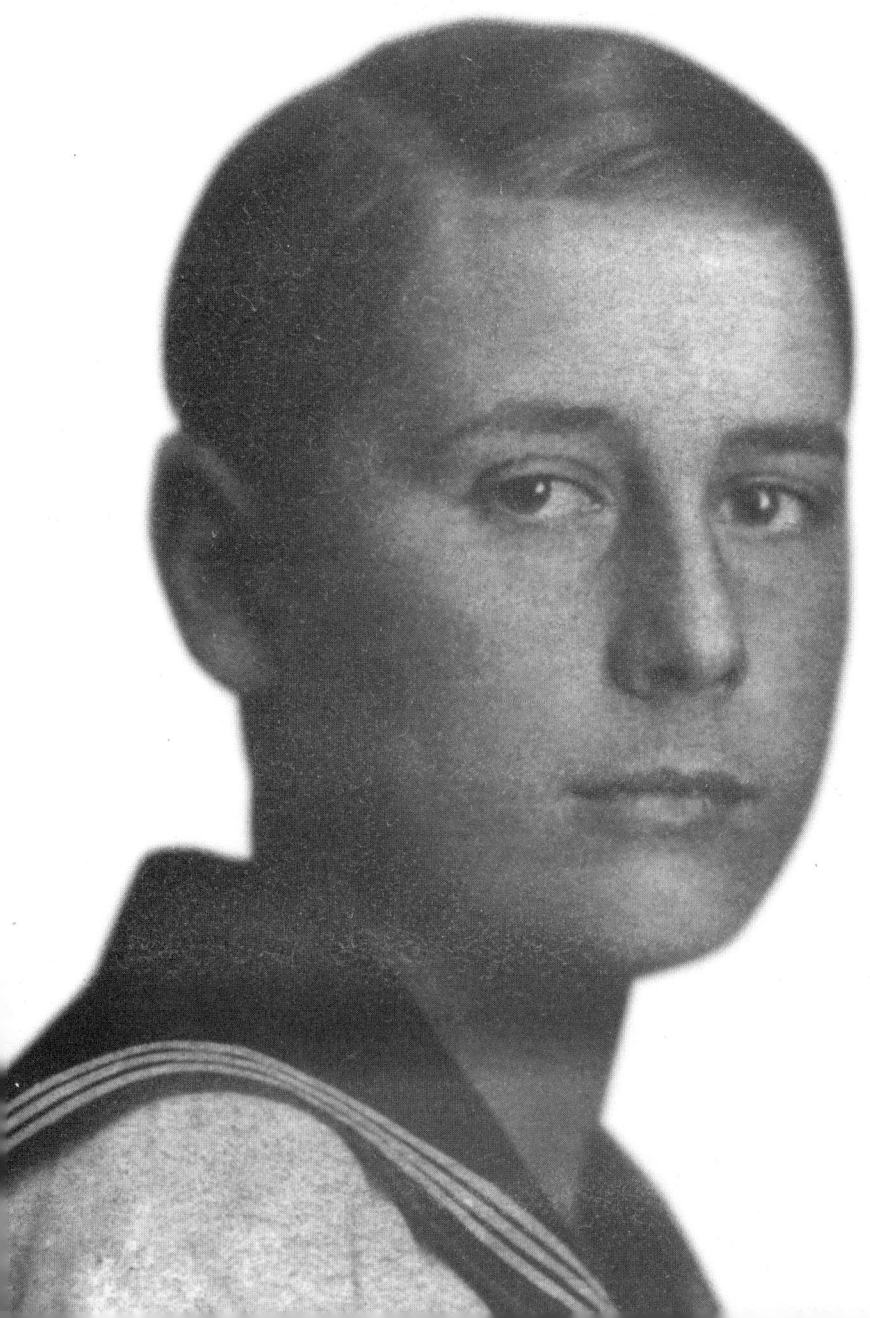

Heinz Erhardt privat

Heinz Erhardt (auf der vorhergehenden Seite 1924 als 15-jähriger
Internatsschüler) feierte 1938 ...

... als »lustiger Dichter-Komponist am Flügel« erste Erfolge im Berliner »Kabarett der Komiker«.

Mit seiner Frau Gilda, genannt Zipchen, in Berlin, 1939.

Fräulein Mabel *

Text u. Musik: Heinz Erhardt
Klav. Satz: Bruno Schlösser

1. Al – le Frau-en, die mit tau-send Rei – zen aus-ge-stat – tet, durch das Weich-bild uns'-rer Stadt lust-
2. Fräu-lein Ma-bel, die durch we-nig Schön-heit aus-ge-zeich-net still und un – be-merkt durch's Le-ben

wan – deln, die ha – be ich nicht lieb, denn die sind nicht mein Typ, ich
schrei-tet, ist mir nicht ei – ner-lei, und weil sie mir stets treu, drum

brauch' so was Be – sond' – res für's Ge – müt, zum Bei – spiel:
wid – me ich ihr die – ses schö – ne   Lied:

Refrain

Ken – nen Sie denn schon das Fräu – lein Ma-bel?
1. Wür – den Sie sie seh'n, würd's Ih – nen e(ü)-bel.
2. Im – mer nimmt sie s'Mes-ser statt der Ga(a)-bel.

* Sprich Mèbel und alle folgenden Reime mit è!

9 AS 1176

Wenn der Radiostar der Nachkriegsjahre ins Mikrofon alberte, flogen ihm die Hörerherzen zu.

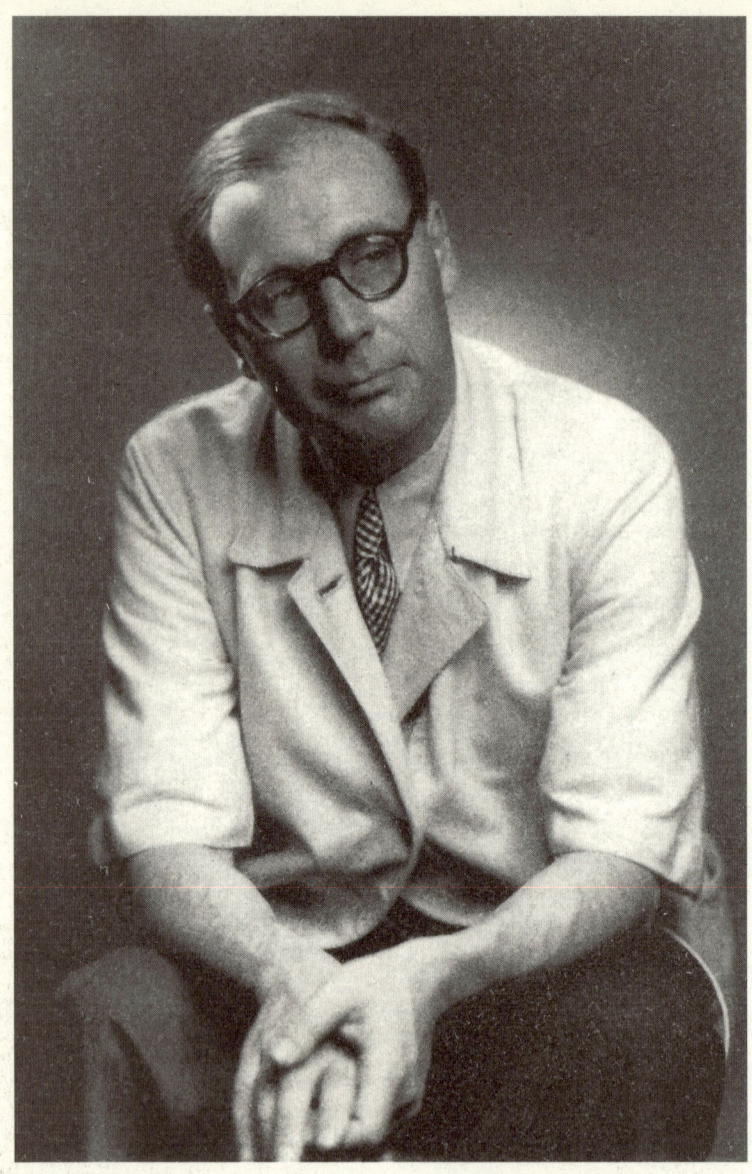

Darauf war Heinz Erhardt mächtig stolz: Bereits 1947 schmückte
er die Titelseite der »Hör zu!«

HÖR ZU !

HEINZ ERHARDT
vom NWDR

ist einer der beliebtesten, erfolgreichsten
Rundfunk-Kabarettisten
Foto: Weidenbaum

DIE RUNDFUNKZEITUNG
DES NWDR

MMER

PREIS
30
PFENNIG

PROGRAMM VOM 19 BIS 25 JANUAR

Sie waren 44 Jahre lang verheiratet: Gilda und Heinz Erhardt.

Als Artaxias, König der Schamarier, in »Kleopatra die Zweite«.

Am liebsten stand Heinz Erhardt auf der Bühne, wo er spontan auf sein Publikum eingehen konnte. Für das Familienleben mit den vier Kindern blieb nur wenig Zeit.

Jahrein, jahraus auf Achse, am liebsten mit dem eigenen Auto.

Mit Zipchen auf der heimischen Terrasse in Hamburg-Wellings-
büttel und beim Textepauken mit Sohn Gero.

Dreharbeiten zum Film »Der müde Theodor«, 1957.

Die Mitte

Ein kleines Verslein kam gegangen
und hat zu sprechen angefangen:
»Ich bin an deinem Tisch gewesen
und hab dein Manuskript gelesen:
Der Anfang ist ein wenig schwach,
dafür lässt dann das Ende nach.
Ich sei, gewähr mir diese Bitte,
in deinem Buch deshalb die Mitte!«

Schwänke aus heiterem Himmel

Die Pointe

Am meisten Freude macht es mir,
die Pointe zu verstecken
und dann zu sehen, wie es dir
gelingt, sie zu entdecken.

Wie dir beim Lesen erst der Mund
zuckt, dann der Augen Falten
sich tiefer graben, und –
du kannst nun nicht mehr an dich halten –
du lachst und lachst
und machst
mich damit froh!

So,
das wärs, was ich mit der »versteckten Pointe« meine …
Doch lach noch nicht;
denn dies Gedicht
hat keine!

Heimliche Liebe

Wenn ich 'ne kleine Fliege wär,
dann hätte ich es nicht so schwer:
Ich würd mich – ohn' dich zu verletzen –
auf deine roten Lippen setzen.
Und würdest du – ohn' Überlegung –
durch eine kurze Handbewegung
mich kleines Ding verscheuchen wollen –
ich flöge fort, ohn' dir zu grollen.
Und fragt mich meine Frau, die Süße:
»Wieso hast du so rote Füße?«,
dann würd ich rot auch im Gesicht –
doch dich verraten – – – würd ich nicht …

Windmühlen

Schon seit den Tagen Don Quichottes
gibts Windmühlen; doch leidergotts
sind sie, wie es so manchmal geht,
fast überall vom Wind verweht.
Man sieht sie äußerst selten drum,
und wenn, dann stehn sie nur herum.
Sie werden zwar noch gern *gemalt;*
doch *mahlen* macht sich nicht bezahlt!
Wer kauft noch *Mehl,* wenn morgens man
sich fert'ge Brötchen kaufen kann?
Auch alle übrigen Gebäcke
kriegt man beim Bäcker um die Ecke.

Drum mache man, ob Greis, ob Kind,
um Windmühlen nicht so viel Wind!

Alte Weisheit

»'s ist schlimm,
wenn man alt wird«, das Alter spricht,
»aber schlimmer ist es,
man wird es nicht!«

An einen Kollegen

Kennst du das große graue Haus
da draußen vor der Stadt?
Bist du erst drin, kommst du nicht raus,
weil alles Gitter hat.
Hat nie dein Herz vor Ängsten laut,
gingst du vorbei, gepocht?
Sei ruhig, wer nur Pointen klaut,
der wird nicht eingelocht!

Ampeln

1

Wir hatten einst – die Zeit ist tot –
als Landesfarben Schwarz-Weiß-Rot.

Dann hat man sie nicht mehr gewollt,
und wir bekamen Schwarz-Rot-Gold.

Doch diese übersieht man fast
in unsrer Zeit voll Kampf und Hast.

Die Farben, die sich heute ziehn
durch unser Sein, sind Rot-Gelb-Grün.

2

Wenn wir uns ans Steuer setzen,
um zum Arbeitsplatz zu hetzen,
können wir nur höchstens schleichen,
denn uns hindern viele Zeichen.

Ganz besonders sinds die Ampeln,
die auch Radfahrer beim Strampeln
und selbst Fußgänger, die gämsen-
gleich hinüberwollen, bremsen.
Vom Direktor bis zum Penner
sind wir nichts als Ampelmänner!

3
Dort, wo eine Kreuzung droht,
hat man selten Grün, meist Rot.
Und so schön das Rot auch schien,
man ist diesem Rot nicht grün.

Doch wenn Grün kommt, und man kann,
hat der liebe Vordermann
– solche Fälle sind verbürgt! –
seinen Motor abgewürgt.

Bracht in Gang er endlich ihn,
und man kann, ist nicht mehr Grün.
Schuld ist vorne der »Idiot«! –
Bis man Grün hat, sieht man rot!

Zur Pause

Ich sag es ehrlich, oft geschahs,
dass ich im Leben was vergaß;
doch manches wiederum indessen
vergaß ich leider zu vergessen.
Was ich mit Recht vergessen sollte,
war, dass ich noch was dichten wollte.
Deshalb, o Muse, fleuch nach Hause,
ich mach jetzt
ZEHN MINUTEN PAUSE

Der Stein

Fast wär vom Dach ein Ziegelstein
mir auf den Kopf geflogen,
jedoch »es hat nicht sollen sein«:
Er machte einen Bogen.

Dass er das tat, ja, das war gut!
Doch hat der Fall bewiesen:
Man sei beständig auf der Hut
und geh nie ohne diesen!

Bäume im Wald

Bäume, die lange zusammenstehen,
können sich bald nicht mehr riechen und sehen,
weshalb oft Tannen, ja manchmal selbst Eichen
wünschen, sie könnten ganz heimlich entweichen;
doch – da sie fest mit dem Erdreich verbunden
kraft langer Wurzeln, die man unten gefunden,
und deshalb stehn müssen stramm wie Soldaten –
müssen sie leider des Wunsches entraten.

Kennst du den Ort?

Kennst du den Ort, wo es stets muffig riecht?
Dir feuchte Kälte in den Anzug kriecht?
Wo stolze Flaschen stehen voll des Weins?
Wo Dosen dösen mit dem Schmalz des Schweins?
Wo Spinnen kunstgerecht die Wand »benetzen«,
und wo kein Stuhl ist, sich mal hinzusetzen?
Wo Kohlen frierend in der Ecke liegen?
Wo die Kartoffeln edle Keime kriegen,
die Waschmaschine wäscheharrend steht
und wo des Wassers Haupthahn leise kräht?
Kennst du den Ort? O Fremdling, sprich!!
Du kennt ihn nicht? – Nun, aber ich!

Die Mauritius

Herr Heinrich Franz von Ohnegleichen,
der sammelte gern Postwertzeichen
mit Zähnen und mit glatten Rändern
aus Übersee und andern Ländern
und klebte sie – alle vereinigt,
jedoch geordnet und gereinigt –
ins Album, wie man das so muss!
Nur fehlte die *Mauritius!*

Was hatte er nicht unternommen,
um diese Marke zu bekommen!!!
Ja, selbst als er der Minne frönte
mit Minna, die ihn arg verwöhnte,
so fragte er bei jedem Kuss:
»Hast du nicht die *Mauritius?*«

Bald brachte beiden Adebar
ein Kind, das zwar ein Mädchen war,
doch Heinrich fasste den Entschluss:
»Die nennen wir *Mauritius!* –
Gewiss, der Name passt nicht recht
für'n Kind von weiblichem Geschlecht –
doch seis! Zu End sei der Verdruss:
Ich hab eine *Mauritius!*« –

Sehr früh schon ging das Mädchen gern
in Bars, damit es tanzen lern
und dadurch körperlich erstarke!
Na, sie wurde vielleicht 'ne Marke – – –

Das Echo

Das Echo liegt im Felsenspalt
und schläft, mit Schnee bedeckt.
Solang es Winter ist und kalt,
wird es nicht aufgeweckt.

Doch wenn der Schnee geschmolzen ist,
du, lieber Enzian, grünst,
und mutig jodelt der Tourist,
hats Echo wieder Dienst.

Der General und sein Hemd

Es wollte der Herr General
ein Unterhemd belohnen,
und er befahl dem Wäscheschrank,
dem Festakt beizuwohnen!
Es traten zum Appelle an
der Hemden bunte Scharen –
mit Ausnahme derjenigen,
die grade schmutzig waren!

Er sprach: »Ich will heut eines Hem-
des Dienste anerkennen
und dieses tapfre Unterhemd
zum Oberhemd ernennen!
Ich habs getragen sieben Jahr,
ich wills nicht tragen länger!
Es wurde mir ein guter Freund,
jedoch am Bauche enger!«

Er steckte ihm den Orden an
vom »Hemdenband mit Schnalle«!
Die Hemden riefen, was man ruft
dreimal in solchem Falle:
»Hurra! Hurra!«, und nochmals: »Rra!«
Das Oberhemd sprach: »Danke!«,
und dann verschwands im *höheren*
Regal vom Wäscheschranke!

Düsenlärm

Früher hatte man mit kranken Drüsen
oft zu tun –
heute lassen uns die lauten Düsen
nachts nicht ruhn!

Wie soll uns bei den Getösen
Schlaf erlösen!
Oder auch nur:
Wie soll man bei diesen bösen
Düsen dösen?

Der Mathematiker

Es war sehr kalt, der Winter dräute,
da trat – und außerdem wars glatt –
Professor Wurzel aus dem Hause,
weil er was einzukaufen hat.

Kaum tat er seine ersten Schritte,
als ihn das Gleichgewicht verließ,
er rutschte aus und fiel und brach sich
die Beine und noch das und dies.

Jetzt liegt er nun, völlig gebrochen,
im Krankenhaus in Gips und spricht:
»Ich rechnete schon oft mit Brüchen,
mit solchen Brüchen aber nicht!«

Am Kamin

Es gibt recht viele, die noch immer
vom englischen Kamine schwärmen.
Er kann so leidlich zwar das Zimmer –
doch ich mich nicht für ihn erwärmen.

Wenn ich vor solchem Möbel sitze
– ich muss das wirklich mal erwähnen –,
so hab ich vorne große Hitze
und klappre hinten mit den Zähnen. –

Sitzt du jedoch bei mir ganz dicht,
legst um mich deinen lieben Arm,
dann gilt das, was ich sagte, nicht – – –
dann hab ich es auch hinten warm!

Danach

Ich reiste solo durch die Tropen,
sah Affen, Gnus und Antilopen
und – leider viel zu spät – den Tiger!
Er kam von hinten und blieb Sieger! –

Nun sitz ich hier im Paradiese
mit andern Engeln auf der Wiese.
Man ist sich noch ein wenig fremd.
Zwei Flügel wachsen durch mein Hemd – – –

Die Turmuhr

Bläst um unsrer Kirche Turm
aus Nordwest ein starker Sturm,
geht die Turmuhr überm Dach
immer nach, immer nach.

Wenn der Sturm sich aber dreht,
von der andern Seite weht,
und man blickt zur Uhr empor,
geht sie vor, geht sie vor.

Bläst jedoch der Sturm voll Zorn
mal ganz anders: mal von vorn,
kann man an den Zeigern sehn,
sie bleibt stehn, sie bleibt stehn.

Wenn der Sturm sich aber legt
und kein Lüftchen sich bewegt,
und man schaut zur Turmuhr flüchtig,
geht sie richtig, geht sie richtig.

Der Strohhut

Er hatte etwas blaues Blut
und Schmisse auf den Backen.
Der Strohhut aber stand ihm gut,
trug er ihn keck im Nacken.

Und tanzte er nach »In The Mood«,
stand er auf fremden Füßen.
Der Strohhut aber stand ihm gut,
nahm er ihn ab beim Grüßen.

Er sagte statt »Statut« – »Schdadut«,
er war nämlich aus Sachsen.
Der Strohhut aber stand ihm gut –
wie aus dem Kopf gewachsen.

Oben ohne

Natur ist immer dort sehr schön,
wo Bäume ihr zu Berge stehn,
und wenn der Wind behutsam leicht
wie'n Kamm durch diese Bäume streicht.

Doch wo die Berge kahl und steinig,
da ist nichts los! – Sei'n wir doch einig,
dass Schönheit meistens nicht viel zählt,
wenns oben fehlt!

Eine Beobachtung

Herrn, die allein, aber dafür zur späten
Stunde, eine Bar oder so was betreten,
reiten meist ein und dieselbe Masche:
Eine Hand steckt in der Hosentasche!

Ist das nun einfach Verlegenheit
oder ein Akt von Verwegenheit?
Wissen sie nicht »mit den Händen, wohin«
oder solls heißen »seht her, wer ich bin«?!

Möglich ist auch: Diese Herren von Welt
zähl'n noch mal heimlich ihr Taschengeld …

Gerüchte um Gerichte

Es gibt Gerüchte,
dass Hülsenfrüchte –
in Mengen genommen –
nicht gut bekommen.

Das macht ja nichts, ich finde das fein!
Warum soll man nicht auch mal ein *Blähboy* sein?!

Milch

Es bot der arme Trödlersmann
dem Grafen ein Gemälde an,
das zeigte farbig, froh und frisch
zwei Gläser Milch auf einem Tisch.
Der das gemalt, war namenlos –
das Bild dagegen rahmenlos.

Da sprach der Graf zum Trödlersmann:
»Was fang ich ohne Rahmen an?
Der Rahmen ist das A und O –
für dieses Machwerk sowieso!
Und dann der Preis! Ganz unerhört!
So viel sind zwei Glas Milch nicht wert!
Und außerdem fehlt, wie ich sag,
der Rahmen! Also – guten Tag!«

Da packte unser Trödlersmann
das Bild ein und sprach traurig dann:
»Wie doch 's Interesse gleich erlahmt
an Milch, ist sie, wie hier, entrahmt!«

Schöne Aussichten

Ich habe ein Fenster im Zimmer
(das Fenster, das hatt ich schon immer),
doch lohnte es nie, zum Fenster zu gehn,
denn meine Aussicht ist gar nicht so schön:
nur eine Mietskaserne!

Doch wie ich neulich, ganz aus Versehn,
kam in die Nähe vom Fenster zu stehn,
bemerkte ich plötzlich schräg vis-à-vis
ein weibliches Wesen so schön wie noch nie!

Nun guck ich ziemlich gerne …

Von A bis E

Herr Afeu frug Herrn Befeu:
»Wo bleibt denn bloß Herr Cefeu?«
Da sprach Herr Befeu: »Cefeu?
Der sitzt mit Fräulein Defeu
dort unten hinterm Efeu!«

Was wär ...

Was wär ein Apfel ohne –sine,
was wären Häute ohne Schleim,
was wär die Vita ohne –mine,
was wär'n Gedichte ohne Reim?

Was wär das E ohne die –lipse,
was wär veränder ohne –lich,
was wären Kragen ohne Schlipse,
und was wär ich bloß ohne dich?

Chor der Müllabfuhr

Kommt! Lasset von Tonne zu Tonne uns eilen!
Wir wollen dem Müll eine Abfuhr erteilen!

Auf! Machen wir, dass jede Tonne sich leere!
Wir sind dazu da, denn wir sind Müllionäre!
    Müllirallala, Müllirallala!

An meine Brille

Ich wäre glatt verloren,
wärst du nicht stets bei mir.
Du hängst an meinen Ohren
grad so, wie ich an dir.

Ich trag dich, wenn auf Zehen
die Nacht sich niedersenkt.
Dann kann ich besser sehen
den Traum, der mich umfängt.

Und wenn ich einst verschwinde
für immer, bleib bei mir.
Dass ich auch sicher finde
den Weg zur richt'gen Tür …

Die Gardinenpredigt

An den blumigen Gardinen
hängen Reste deiner Predigt,
und seitdem du sie gehalten,
bin ich für die Welt erledigt.
Einsam schleich ich durch die Landschaft.
Und der Schwager und die Nichten
zeigen nun auf mich mit Fingern,
statt mich wieder aufzurichten.
Bis zur nächsten großen Wäsche
muss ich meine Wohnung meiden,
denn ich kann diese Gardinen,
die geblümten, nicht mehr leiden.

Dünne Luft

Ich sitz in fast viertausend Meter Höhe,
doch meine Stimmung ist so ziemlich down ...
Die Luft ist dünn, das macht ganz schrecklich müde –
den Zustand merken Sie an diesem Liede:
Mir ist, als wär vor meinem Kopf ein Zaun ...

Doch *ohne* Zaun klafft dicht vor mir ein Abgrund!
Ist er es wert, dass man ihn überhaupt erwähnt?!
Nun, ich schreib dies Gedicht hin als Etüde ...
Die dünne Luft macht wirklich einen müde –
sogar der Abgrund gähnt ...!

Das Steckenpferd

Der eine liebt Konkretes nur,
der andre das Abstrakte,
der Dritte schwärmt für die Natur
und deshalb für das Nackte.
Der Vierte mag nur Fleisch vom Schwein,
der Fünfte Milch und Eier,
der Sechste liebt den Moselwein,
der Siebte Fräulein Meier.
Für jeden gibt es was von Wert,
für das er lebt und streitet,
und jeder hat sein Steckenpferd,
auf dem er immer reitet.

* * *

Freunde, hütet euch vor diesen,
die da husten, wenn sie niesen! …

Drei Balladen

1

Es war einmal ein altes Schloss.
Und Kunibert, so hieß der Boss.
Er hatte Mägde, hatte Knechte
und eine Frau – das war das Schlechte!

Ihr Mund war breit, ihr Hals war lang,
und es klang schrecklich, wenn sie sang.
Da zielte er mit Korn und Kimme
und Wut auf sie – das war das Schlimme!

Es machte bumm! – (natürlich lauter!) –,
dann fiel sie um! – Zum Himmel schaut er
und spricht, das Auge voll Gewässer:
»Vielleicht singt sie dort oben besser?!«

2

Es ritt der edle Ritter Kunkel
durch einen Wald, der still und dunkel –
als plötzlich, jäh und ungestüm,
ein grauslich-graues Ungetüm,
ein richtig schlimmes Drachenvieh,
das Feuer, Gift und Galle spie,
sich fliegend näherte dem Reiter
und schrie: »Bis hierher und nicht weiter!!!«
Der Ritter Kunkel zog am Zügel,
dann seinen Degen! Stieg vom Bügel,

und mutig, ohne banges Zagen,
ging er dem Drachen an den Kragen!
Gar bald gelangs ihm, hintern Ohren
das Scheusal schmerzhaft anzubohren,
worauf es »au« schrie nach dem Stich
und flugs nach oben hin entwich! –

Der Ritter reinigte den Degen
und ritt, nun auf befreiten Wegen,
dorthin, wohin er vorhin wollte!
(Wozu es fast nicht kommen sollte!)

Das Volk begrüßte ihn mit Tüchern,
und bald schrieb man von ihm in Büchern!
(Weil er der Erste war, wies hieß,
der einen Drachen steigen ließ!)

3
Es war einmal ein stolzer Ritter,
der wurde beim Turnier bloß Dritter.
Das ging dem Armen derart nah,
dass man ihn lebend nicht mehr sah.

Er starb im Wonnemonat Maien
– an einem warmen Tag – im Freien
und wollte niemand bei sich haben.
So musste er sich selbst begraben. –

Ja, Dritter ist für einen Ritter bitter!

Das Fenster

Es traf sich so, dass sie sich trafen.
Er fragte, ob – – –, sie sagte: »Nein,
es geht nicht, meine Eltern schlafen!«
Dann ließ sie ihn zum Fenster rein.

Es zog durchs Fenster … Nun, man schloss es …
Nun zog es nicht mehr … Man genoss es …

Doch als sie sprach: »Geliebter Gangster,
wir sind verlobt, nun bist du mein«,
schlug er von innen erst ihr Fenster
und dann den Weg nach Hause ein.

Bei Opa

Der Opa ist ein frommer Mann
und liest in seiner Bibel.
Die Oma schneidet nebenan
fürs Abendbrot die Zwiebel.
Der Opa ist ein frommer Mann
und weint ob seiner Sünden.
Auch Omama weint nebenan,
jedoch aus andern Gründen.

Der Berg

Hätte man sämtliche Berge der ganzen Welt
zusammengetragen und übereinander gestellt,
und wäre zu Füßen dieses Massivs
ein riesiges Meer, ein breites und tief's,
und stürzte dann unter Donnern und Blitzen
der Berg in dieses Meer – – – na, das würd spritzen!

Zweifel

Nein, nicht jeder Filmakteur
treibt mit dem Talent Verschwendung,
und nicht jeder Fernsehstar
glaubt an sich und seine Sendung.

Mancher Ofen heizt die Luft
überm Haus und drinnen rußt er,
mancher wird ein Diplomat
und bleibt trotzdem nur ein Schuster.

Mancher Käpt'n, der zur See
schiffen möcht, kahnt auf der Weser,
mancher hadert mit dem Sein
und dem Ich. Und du, mein Leser?

Erkenntnis

Man hat vor Jahren festgestellt,
dass unsre liebe, schöne Welt,
auf der wir leben, nicht nur bunt ist,
nein, dass sie außerdem auch rund ist.
Und deshalb sind wir in der Lage
– sowohl bei Nacht als auch bei Tage –
von einer Erdhälfte zur andern
zu fliegen, schwimmen oder wandern,
was ganz unmöglich wär beileibe,
wär' unsre Erde nur 'ne Scheibe.

Wobei, wie ihr es sicher wisst,
auf Erden alles Schei-be ist!

Gedanken am Samstagabend

Im Wasser schwimmt der Gummischwamm,
denn heut ist Samstag, und ich bade.
Zwei Zähne fehlen mir am Kamm,
es duftet laut nach Haarpomade. –

Das Wasser tropft ins Abflussrohr,
der Stöpsel scheint nicht gut zu schließen.
Ich habe Seife in dem Ohr
und Hühneraugen an den Füßen. –

Das Wasser ist schon stark getrübt,
nur mühsam wälzen sich die Fluten.
Ich bin seit vorgestern verliebt,
da hilft kein Blasen und kein Tuten. –

An Rolf

Du warst ein treuer Kamerad,
so treu, wie er im Buche steht.
Wir bummelten und spielten Skat,
dann wurden wir vom Wind verweht.

Dann wurden wir vom Wind verweht,
allein, ein Freund bliebst du mir nicht.
Ich wurde ja auch nur Poet,
du aber bist beim Amtsgericht.

Der Frühling

Wie wundervoll ist die Natur!
Man sieht so viele Blüten,
auch sieht man Schafe auf der Flur
und Schäfer, die sie hüten.
Ein leises Lied erklingt im Tal:
Der müde Wandrer singt es.
Ein süßer Duft ist überall,
bloß hier im Zimmer stinkt es!

Eine Rede über die Rede

Unser Dasein wird von Reden begleitet: Bei der Taufe wird der Mensch mit Reden begrüßt – und am Grabe mit Reden verabschiedet.

Wie entsteht nun eigentlich eine Rede?

Zunächst hascht man sich einen Gedanken. Das dauert oft länger, als einem lieb ist. Hat man ihn dann endlich, ist er nackt und bloß. Also muss man ihn kleiden, und zwar in Worte! Nun beginnt man im Laufe der Rede Worte zu *verlieren*. Dadurch fehlen sie einem bald. Deshalb muss man schleunigst nach neuen Worten *suchen*, bis man welche *gefunden* hat. Hat man endlich wieder Worte *gefunden*, gehen sie einem aufs Neue *verloren*, und man muss wieder nach Worten *suchen* usw. usw. Ein ewiges Verlieren, Suchen und Finden ist so eine Rede, und leider steht ihre Länge meist in keinem Verhältnis zu der Länge ihrer Gedanken!

Wird man unerwartet gebeten, eine Rede zu halten, so erschrecke man nicht, sondern fasse sich. Aber kurz!

Der Einsame

Einsam irr ich durch die Gassen,
durch den Regen, durch die Nacht.
Warum hast du mich verlassen,
warum hast du das gemacht?
Nichts bleibt mir, als mich zu grämen!
Gestern sprang ich in den Bach,
um das Leben mir zu nehmen;
doch der Bach war viel zu flach.

Einsam irr ich durch den Regen,
und ganz feucht ist mein Gesicht,
nicht allein des Regens wegen,
nein, davon alleine nicht.
Wo bleibt Tod in schwarzem Kleide?
Wo bleibt Tod und tötet mich?
Oder besser noch: uns beide?
Oder besser: erst mal dich?

Ballade aus Estland

Im alten Schloss zu Wesenstein,
da soll es nachts ganz finster sein.
Warum's dort finster ist bei Nacht,
das hat noch keiner rausgebracht.

Und jede Nacht um Mitternacht
die Turmuhr laut zwölf Schläge macht.
Warum das grad um Mitternacht,
das hat noch keiner rausgebracht.

Ein Dichter, dem man's hinterbracht,
hat hieraus dies Gedicht gemacht.
Warum er dies Gedicht gemacht,
das hat noch keiner rausgebracht.

Ausgefallenes

Man hat ganz oben auf dem Kopfe
viel tausend Poren, dicht bei dicht.
Und nun – das ist das Wunderbare:
aus diesen Poren wachsen Haare!!!
Oder auch nicht.

Das Blümchen*

Im Walde ist ein Plätzchen,
ein Plätzchen wunderschön.
Beim Plätzchen steht ein Bänkchen,
das möcht ich wiedersehn.
Beim Bänkchen wächst ein Blümchen,
ein Blümchen, weiß und rot,
das möcht ich gerne pflücken;
denn morgen ist es tot.
Ich wills ins Wasser legen,
bis dass es fast ertrinkt,
und es so lange hegen,
bis Mutti sagt: »Es stinkt!«

* Dieses Gedicht schrieb der Autor mit 13 Jahren.

Der Vielaß

Ach, ein Unglück ohne Frage
ist das Essen, doch bei Tage
kann der Mensch nicht ohne dem
sein, und das ist unbequem.
Durch des Mundes enge Schleuse
zwängt mit Mühe man die Speise,
bis sie – klein und weich zerlutscht –
tiefer in den Magen rutscht.
Bald bemerkt man, nicht erheitert,
dass der Bauch sich stark erweitert,
und mit saurem Gesicht
stellt man fest, dass das Gewicht
sich bedenklich hat verschoben,
und zwar leider Gotts nach oben.

Moral:

Alles im Leben geht natürlich zu, nur die Hose
geht natürlich nicht zu!

Fußball

Vierundvierzig Beine rasen
durch die Gegend ohne Ziel,
und weil sie so rasen müssen,
nennt man das ein Rasenspiel.

Rechts und links stehn zwei Gestelle,
je ein Spieler steht davor.
Hält den Ball er, ist ein Held er,
hält er nicht, schreit man: »Du Toooor!«

Fußball spielt man meistens immer
mit der unteren Figur.
Mit dem Kopf, obwohls erlaubt ist,
spielt man ihn ganz selten nur.

An einen Nichtschwimmer

Du kannst nicht schwimmen? Ah, deshalb kriegen
dich nicht Baldrian, nicht Kampfer
auf einen Dampfer!
Doch neulich hast du ein Flugzeug bestiegen!
Kannst du denn fliegen? …

Überlistet

Wenn Blätter von den Bäumen stürzen,
die Tage täglich sich verkürzen,
wenn Amsel, Drossel, Fink und Meisen
die Koffer packen und verreisen,
wenn all die Maden, Motten, Mücken,
die wir versäumten zu zerdrücken,
von selber sterben – so glaubt mir:
Es steht der Winter vor der Tür!

Ich lass ihn stehn!
Ich spiel ihm einen Possen!
Ich hab die Tür verriegelt
und gut abgeschlossen!
Er kann nicht rein!
Ich hab ihn angeschmiert!
Nun steht der Winter vor der Tür – – –
und friert!

Ein Ostergedicht

Wer ahnte, dass zum Weihnachtsfest
Cornelia mich sitzen lässt?

Das war noch nichts: Zu Ostern jetzt
hat sie mich abermals versetzt!

Nun freu ich mich auf Pfingsten –
nicht im Geringsten!

Rezept

Besitzt du Senkfüße, schluck Pillen,
und du bist platt: Sie helfen gleich!

Auch gegen sonstige Bazillen
gebrauch nicht Fenchel und Kamillen!
Vergiss das Zeugs um Himmels willen!

Des Menschen *Pille* ist sein Himmelreich!

Eine verfahrene Geschichte

Ich sah dich in der Straßenbahn,
sah dich von allen Seiten an,
doch du, mein Schatz, du machtest dir nichts draus!
Ich bot dir meinen Sitzplatz an,
weil ich ja auch mal stehen kann,
doch du, du sagtest »danke« und stiegst aus!
    Dies »danke«, oh, gab mir den Rest …
    Du bists, die mich nicht schlafen lässt!
Nun fahr ich mit der Straßenbahn,
wann immer ich nur fahren kann,
doch leider, Schätzchen, treffe ich dich nie!
Mich fragte schon die Schaffnerin,
ob ich wohl nicht bei Troste bin,
doch was, ich bitte Sie, versteht denn die?
    Vor Kummer bin ich schon ganz dumm …
    Vielleicht ists besser, ich steig um?
Nun fahr ich mit dem Autobus,
wann immer ich nur fahren muss,
doch leider werd ich deiner nicht gewahr!
Bist du am Ende gar erkrankt?
Vielleicht verreist? Bist du in Sankt
Maurice, läufst Ski und abends in die Bar?
    Werd ich nicht bald *verrückt* vor Qual,
    dann bin ich wirklich nicht *normal!*

Berichtigung

So viel Säulen sind zu sehn,
die dort in die Lüfte ragen,
dass wir gut den Grund verstehn,
weshalb Griechen sichs versagen,
Säulen nach Athen zu tragen.

NB. Fälschlicherweise spricht man immer
von *Eulen*, die man in die griechische
Hauptstadt tragen will. Welch Nonsens!
Warum gerade *diese* Vögel, die jeden
Wohlgeschmacks entbehren?
Nein, nein! Das Missverständnis ist auf
einen Sprachfehler des Philosophen
Aristophanes, der kein »S« aussprechen
konnte, zurückzuführen. Natürlich
meinte er *Säulen!*

Witzbolde

Es gibt eine Sorte von Menschen –
von zwanzig sinds wohl mehr als zehn! –
die fragen dich, wenn sie dich treffen
(egal, wo es ist): »Kennen Sie den?«

Und dann erzählen sie Witze,
Witze am laufenden Band,
die einen, die sind nichts zum Lachen,
die anderen sind dir bekannt.

Die besten davon sind politisch,
die meisten aber obszön.
Du windest dich höflich und stammelst:
»Wie lustig! Wie köstlich! Wie schön!«

Laut lachend verschwinden die Bolde,
stolz über ihren Humor –
dabei besitzen sie keinen:
Es kommt ihnen nur so vor.

Warum die Zitronen sauer wurden

Ich muss das wirklich mal betonen:
Ganz früher waren die Zitronen
(ich weiß nur nicht genau mehr, wann dies
gewesen ist) so *süß* wie Kandis.

Bis sie einst sprachen: »Wir Zitronen,
wir wollen groß sein wie Melonen!
Auch finden wir das Gelb abscheulich,
wir wollen rot sein oder bläulich!«

Gott hörte oben die Beschwerden
und sagte: »Daraus kann nichts werden!
Ihr müsst so bleiben! Ich bedauer!«
Da wurden die Zitronen sauer …

Der Einbruch

Durch das angelehnte Fenster
steigt der jugendliche Gangster* –
er will nämlich die Juwelen,
die im Nachttisch liegen, stehlen!

Schon zieht sacht er an der Lade – – –
da erwacht – und jetzt gerade!
die Frau Gräfin aus dem Schlaf:
»Kommst du endlich, lieber Graf?«,
flüstert sie und schlägt die Decken
ganz zurück … Voller Erschrecken
übern Anblick springt der Gangster
ohne Schmuck schnell aus dem Fenster** – – –!

Und er gibt sich das Versprechen,
nie wieder bei *alten* Damen
(auch mit adeligem Namen)
einzubrechen!

---

* *Sollte jemand meinen, der Reim Fenster – Gangster sei nicht gut, so möchte ich hier unten ausdrücklich betonen, dass ich nie behauptet habe, er sei es!*

** *Siehe* *

Trinklied

Wo bleibt heut bloß der Sonnenschein?
Liegts an den Isobaren?
Ach, solls doch ruhig trübe sein
wir trinken unsern Klaren!

Schön eisgekühlt stürzt er zu Tal,
es wird uns heiß und heißer …
Der trübe Himmel kann uns mal,
und *wo* er kann, das weiß er.

Das Trübsalblasen ist ein Graus
und schädlich ohne Zweifel!
Kommt, lacht den trüben Himmel aus –
Alkohol ihn doch der Teufel!

Spätlese

Ich bin sehr krank
und geh zum Schrank.
Ich hol ein Glas
und fülle das
mit Moselwein.
Hm, der schmeckt fein:
Spätlese!

Ich bin genesen
und möchte lesen.
Ich hol mir was
und lese das
von abends acht
bis Mitternacht.
Auch 'ne Spätlese …

Die Kunst des Trinkens

Solange es uns Menschen gibt,
sind auch Getränke sehr beliebt –
ich meine hier natürlich nur
die alkoholischer Natur!

Den *Wein,* den hab ich übersprungen,
der wurde schon zu oft besungen
und auch der *Sekt!* (Man reicht ihn Gästen
zum An- und Aufstoßen bei Festen.)

Wie selten aber steht vom *Bier*
etwas geschrieben, außer hier:
»Es schäumt das Glas mit edler Gerste,
und stets bekömmlich ist das erste!«

Doch gibt es außerdem Getränke,
den'n ich besondre Liebe schenke,
ich schätze fast seit der Geburt se:
das ist der *Klare* oder *Kurze!*

Wie wärmen sie an kalten Tagen
schön eisgekühlt den kalten Magen!!!
Wie spornen sie – als Geistgetränke –
den Geist an, dass er wieder denke!!!

Jedoch wie geistlos – sei'n wir offen! –
wird diese Köstlichkeit *gesoffen!*
Drum will ich, eh Sie einen heben,
hier schnell noch einen Ratschlag geben:

Man trinke *Schnaps* stets *nur zum Essen !!!*
Das *Bier* dazu soll man *vergessen !!!*
Und ob in Kneipe oder Haus:
Man lasse immer einen aus !!!

Wenn man das ganz genau so tut,
dann fährt man stets – auch Auto! – gut.

Dichter mit Leihpegasus

Mühsam erklimmt er das scharrende Huftier.
Platz nehmend hinter gewaltigen Schwingen,
klammert er fest sich an wehender Mähne,
startet mit trutziger Mähre gen Himmel.

Oben, in höheren Sphären, gebiert er
dann seine herrlichen Werke, entzieht sich
damit den Blicken der lästigen Menschheit.

Hat er genüsslich sein Opus beendet,
landet erleichtert er nahe der Wohnung.
Schleunig entfernt sich der wiehernde Vogel,
denn schon ein anderer Dichter harrt seiner – – –

Legitim

Mich fragte neulich ein Tenor,
wie mir sein Linkerton in »Butterfly«
gefallen hätt?
Ich sagte ihm:
legitim!
Worauf er mich nicht nur entsetzt,
nein, auch sogar etwas verletzt
berichtigte, dass »legitim«
so gar nicht passe hier und heute,
weil es ja *rechtmäßig* bedeute!
Ich antwortete, dass ich ihm
sehr dankbar sei für seine Lehre –
doch hier der *Umlaut* zu betonen wäre:
recht *mäßig!*

Fast eine Fastenkur

Alte Brötchen. Saure Weine.
Ein Salatblatt. Guss auf Beine.
Hunger nagt im Magen-Sektor.
Und er knurrt. Wie draußen Hektor.

Will nicht mehr gesund und schlank sein!
Will dann lieber dick und krank sein!

Kehrt zurück, ihr großen fetten
Schnitzel oder Schweinskotletten
und auch ihr, ihr Leibbeschwerden!

Bin es satt, nie satt zu werden!

Fräulein Mabel*

(Der Verfasser bittet, diesen Namen, wie so vieles heute, *Englisch* auszusprechen, also Mebel. Diese Bitte bezieht sich natürlich auch auf die entsprechenden Reimwörter. Danke!)

Alle Frauen, die
mit tausend Reizen ausgestattet,
durch das Weichbild unsrer Stadt lustwandeln, die
habe ich nicht lieb, denn
die sind nicht mein Typ, ich
brauche etwas andres fürs Gemüt. Zum Beispiel:
Fräulein Mabel, die
durch wenig Schönheit ausgezeichnet,
still und unbemerkt durchs Leben schreitet, ist
mir nicht einerlei, und
weil sie mir stets treu, drum
widme ich ihr dieses schöne Lied!

Kennen Sie denn schon das Fräulein Mabel?
Würden Sie sie sehn, würd's Ihnen abel!
Beine hat sie dünn so wie ein Säbel –
meine süße kleine Freundin, Fräulein Mabel.

* *Dieses Chanson hatte der Verfasser zu Beginn seiner kabarettistischen Tätigkeit ungefähr 3137-mal am Klavier vorgetragen. Er bittet alle Geschädigten, die seinerzeit Zeugen dieses Vortrages wurden, aber heute noch leben, nachträglich um Verzeihung.*

Kennen Sie denn schon das Fräulein Mabel?
Ausgeschnitten geht sie bis zum Nabel,
deshalb hab ich auch für sie ein Faible –
für die süße kleine Freundin, Fräulein Mabel.
Manche gibt es, die mir heute
dieses stille Glück nicht gönnen
nur deshalb, weil diese Leute
so was nicht verstehen können!
Kennen Sie denn schon das Fräulein Mabel?
Sie bewohnt gleich nebenan 'ne mabel-
ierte kleine Wohnung unterm Gabel –
meine süße kleine Freundin, Fräulein Mabel.

Zum 25. August 1967

(Einführung des Farbfernsehens)

Das Fernsehprogramm, von dem Ersten bis Dritten,
das hatte, ich sage es nur beklommen,
an einer langwierigen Krankheit gelitten –
drum hat man es in Behandlung genommen.

Seitdem ist das Fernsehen unbestritten
gesundet. Er hat sogar Farbe bekommen ...

Viele Verse ...

Viele Verse schrieb und schreib ich,
denn die Muse, die mich küsste, will es;
doch die Verse sind viel unbekannter
als die Verse des Achilles!
Über diese gibt es Bücher –
wer kennt nicht die dicken Folianten?
Meine Verse aber kennen
nur der Mond – und du – und dann zwei alte Tanten!

Frau Wirtin

Frau Wirtin hatte einen Tänza,
den kriegte, ach, die Influenza
in ihre bösen Fänge.
Nun lag mit vierzig er im Bett –
na, das war ein Gedränge ...

Schüttelreime

Im Juli gibt es heiße Nächte,
dann fängt man in der Neiße Hechte.

*

Er würgte eine Klapperschlang,
bis ihre Klapper schlapper klang.

*

Ich kann nichts dafür, dass der Mond schon scheint,
und dass nicht der Mond seinen Mondschein schont,
und dass Frau Adele im Wohnheim weint,
weil sie nicht wie früher in Weinheim wohnt.

*

Nur Wasser trinkt der Vierbeiner,
der Mensch, der findet Bier feiner.

Urlaub im Urwald

Ich geh im Urwald für mich hin ...
Wie schön, dass ich im Urwald bin:
Man kann hier noch so lange wandern,
ein Urbaum steht neben dem andern.
Und an den Bäumen, Blatt für Blatt,
hängt Urlaub. Schön, dass man ihn hat!

Geschichten um Ritter Fips von Fipsenstein

Ritter Fips und seine erste Rüstung

Als sie den Ritter Fips im Jahr
elfhundertsiebenzehn gebar,
zog die Mama dem kleinen Mann
als Erstes eine Rüstung an,
die sie, bei Nacht und oft ermüdet,
für ihn gelötet und geschmiedet,
damit er gegen allerlei
Gefahren wohlgerüstet sei.

Schlussfolgerung:
Die Rüstung muss, ist man noch klein,
besonders unten *rostfrei* sein.

Ritter Fips und das Hirn

An einem Sonntag frug Klein Fips
seine Mama: »Mama, was gib's
denn heute Mittag sozusagen
zu essen? Darf ich das mal fragen?«

»Gewiss«, sprach sie mit mildem Glanz
im Auge, »heute gibt es ganz
was Feines, etwas für verwöhnte Mägen
und fürn Verstand: Heut gibt es Brägen!
Davon kriegst du, mein lieber Sohn,
gleich eine *doppelte* Portion! «

Schlussfolgerung:
Doch selten nur, lehrt die Erfahrung,
ist Hirn, gebraten, *geist'ge* Nahrung.

Ritter Fips als Kind

Der kleine Fipsi war als Kind
ganz anders als sonst Kinder sind:
Nie zog er einen Hund am Schwanz,
und auch Insekten blieben ganz.

Er biss auch seine Amme nie,
wusch ihn mit einem Schwamme sie.

Schlussfolgerung:
Nicht immer bleibt ein Rittersmann
so tugendhaft, wie er begann.

Ritter Fips und das Geigenspiel

Mit falschen Tönen, doch nicht feige,
strich Fips die Saiten seiner Geige,
bis ihm die Mutter sagte: »Fips!
Ich tret nicht gern dir auf den Schlips!
Doch darf ein Fips von Fipsenstein
nicht bloß ein kleiner Geiger sein!
Du bist der Mitwelt *Größres* schuldig!«
»Na schön«, sprach da der Sohn geduldig,
»ich weiß was Größeres: Ich latsche
zu Meister Bim und lerne *Bratsche!*«

Schlussfolgerung:
Man kann, des größren Hohlraums wegen,
weit mehr noch in ein *Cello* legen.

Ritter Fips und die Schule

Der Knabe Fips (sehr traurig das!),
der hatte gegens Lernen was!
Zum Beispiel: Schreiben oder Lesen –
dies beides lag nicht seinem Wesen,
und auch dem Rechnen mit den Brüchen
war er beharrlich ausgewichen.

Doch was er schätzte, selbst in Serien,
das waren jedes Mal die Ferien,
die er von sich aus noch ergänzte,
indem er gern die Schule schwänzte.

Schlussfolgerung:
Man sieht aus diesem allen klar,
dass Fips normal veranlagt war.

Ritter Fips und das Küchenpersonal

Des jungen Fipsen liebste Schliche,
das waren die in Richtung Küche.

Zuerst stand er am Herd und roch,
was er da Schönes kocht, der Koch;
doch galt hauptsächlich sein Intresse
nicht etwa dem, was er heut esse
mitnichten: Es galt der Mathilde,
der Antje, aber auch der Hilde,
die Teller wuschen, Silber putzten
und so der Küche trefflich nutzten.
Mit diesen Damen trieb der Sohn
des Hauses dann Konversation.

Schlussfolgerung:
Der Jugend Hang für Küchenmädchen
konnte schon Wilhelm Busch bestät'chen.

Ritter Fips und des Nachbarn Bier

Der junge Ritter Fips begab sich
sehr oft zum Nachbarschloss. (Er hab sich,
so wurde allgemein gedacht,
des Nachbarn Tochter angelacht.)
Jedoch war für den stillen Wandrer
der Grund zum Wandern ein ganz andrer.

Er wollte eruiern, ob durch
die Erdkruste von Burch zu Burch
es möglich wär, 'nen Gang zu graben,
um einen kürzern Weg zu haben.
»Denn«, sprach er, »drüben ist das Bier
viel würziger als hier bei mir! –
Dann könnt ich zusätzlich erwägen,
aus Schläuchen Leitungen zu legen,
die, unsichtbar für Nachbaraugen,
durch diesen Gang das Bier hersaugen.
Ich hätte dann, wenns keiner merkt,
genug vom Trank, der mich so stärkt!«

Doch leider, wie so oft im Leben,
ging dieser böse Plan daneben!

Eine gewalt'ge Feuersbrunst
hüllte des Nachbarn Schloss in Dunst!
Man spritzte zwar aus allen Rohren,
doch schien die Burg total verloren,
bis einer schließlich darauf kam
und 's *Bier* zur Brandbekämpfung nahm –
und siehe da, das Bier war gut:
Es bändigte des Feuers Wut!

Doch dadurch war Herr Fips der Sorge
enthoben, wie er Bier sich borge.

Schlussfolgerung:
Das Bier löscht nicht nur, wie bekannt,
den Durst. Nein, es löscht *jeden* Brand.

Ritter Fips und die Diät

Des edlen Ritters Fips Bestreben
ging dahin, streng Diät zu leben,
denn er entdeckte dies: Stieg ganz er
vom Kopf bis Fuß in seinen Panzer,
nachdem er aß, was sie ihm brieten,
dann platzte er aus allen Nieten.
Deshalb genoss er ohne frohes
Gefühl Gemüse – und nur rohes.

Wie floss das Wasser ihm zusamm'
im Mund, sah er ein fettes Lamm!
An Suppen dacht er mit App'tit,
die er, genau wie Pudding, mied!

Jedoch, durch den Entzug des Fetts,
der Karbonaden und Kotletts
geriet gar bald in Harnisch er –
und siehe, plötzlich passte der!

Schlussfolgerung:
Den Harnisch schafft der kluge Mann
sich gleich 'ne Nummer größer an.

Ritter Fips als Held

Der Ritter Fips beschloss verwegen,
ein Ungeheuer zu erlegen,
das, gar nicht weit von seinem Schloss,
die Untertanen sehr verdross.
Es war viel größer als ein Bär
und zehnmal kräftiger als der.

So stieg Herr Fips denn auf den Wallach,
verabschiedete sich überall, ach,
und ritt dann voll des Ungestüms
zum Wohnsitz dieses Ungetüms.
Und da geschahs, dass kurz vorm Ziel
er aus Versehn vom Pferde fiel. –

Bald drauf, den Kiefer ausgeklinkt,
kam er per pedes heimgehinkt.
(Das Ross lief, gleich nach diesem Fall,
nach Haus und stand bereits im Stall.)
Es herrschte Jubel angesichts
des Helden – doch er sagte nichts …

Schlussfolgerung:
Es hat nur selten der gesprochen,
der sich den Kiefer grad gebrochen.

Ritter Fips und das Zahnweh

Herr Fips bemerkte kummervoll,
dass ihm die eine Backe schwoll.
Das war an sich nicht schlimm, jedoch
der Schmerz, der aus dem Zahnloch kroch,
der bohrte, zog und quälte ihn.

Da bat Herr Fips um Medizin
den Doktor Stups. Der braute einen
gesunden Trank aus Mückenbeinen,
aus dem Urin der Vogelspinne –
(auch etwas Milz vom Frosch war drinne) –
und noch so was … Da sprach der Kranke,
als er das Tränklein sah: »Nein, danke!
Eh gegen Schmerzen aus dem Kelche
ich trinke, hab ich lieber welche!«

Schlussfolgerung:
Es werden Schmerzen erst, nachdem
sie nachgelassen, angenehm.

Ritter Fips und das Echo

Herr Fips, geharnischt und beschildet,
war in Musik recht ungebildet,
doch würd es Frühling und dann Mai,
vielleicht auch Juni, einerlei,
dann griff er mutig in die Saiten,
um sich zur Laute zu begleiten
zu Weisen, welche ihm entwichen
und eher einem Brüllen glichen.

Bis zum Gebirg drangen die Lieder
und kamen dann als Echo wieder,
sodass man sie, was jeden störte,
nach kurzer Zeit noch einmal hörte.
Doch wagte niemand, Fips zu zwingen
zur andern Seite hinzusingen,
wo eine, weil dort flach das Land,
Gefahr des Echos nicht bestand.

Schlussfolgerung:
Die von Gesang nicht viel verstehn,
die lassen auch am besten den.

Ritter Fips und die Jungfrau

Bei jedem Wetter, auch beim Sturme,
rief man es mehrmals laut vom Turme:
»Hört, Leute, was wir euch verkünden:
Fips will eine Familie gründen!
Drum wünscht und hofft er, dass in Bälde
sich eine Jungfrau bei ihm melde!«

Es hub ein Suchen an und Spähen,
doch keine Jungfrau war zu sehen.
Die einzige, die man gefunden,
wurd grad von einem Kind entbunden.

Schlussfolgerung:
Will jemand eine Jungfrau frein,
darf er nicht so penibel sein.

Ritter Fips und das Burgverlies

Fips sprach zu seinem Knappen dies:
»Wir steigen jetzt ins Burgverlies!
Besorg uns eine Menge Lichts,
denn: ist es dunkel, sieht man nichts!«
Da sprach der Knappe voll des Leids:
»Geh nicht hinunter, Herr, vermeid's!«
»Schön«, sagte Fips, »wenn du dich bangst,
bleib oben! *Ich* hab keine Angst!«
Und schon sah man mit Zuversicht,
mit Gottvertrauen und mit Licht
ihn in den Keller abwärts steigen …
Er war allein … Ihm wurde eigen …
Da! Plötzlich saß dort, nein, wie nett,
ein Mensch! Vielmehr nur sein Skelett.
Ihm fehlten Haar, Fleisch und Gesicht –,
doch störte das den Ritter nicht!
Im Gegenteil, er fand es fein,
dann war er hier nicht so allein!
Mithilfe seines Lichts besah
er sich den Toten von ganz nah –,
und da erschrak er dann denn doch,
als aus dem Mund 'ne Kröte kroch …

Schlussfolgerung:
Das Angstgefühl im Burgverlies
verlässt dich erst, verließt du dies.

Ritter Fips und des Sängers Fluch(t)

Herr Fips sprach zu dem Knappen Heiner:
»Nanu, da draußen singt ja einer?!
Gib ihm zwei Groschen, und er möge
bald sehen, dass er weiterzöge!
Und sag ihm, dass hier niemand wohne,
für den zu singen es sich lohne!«

Der Knappe tat, wie man befahl.
Da trat der Sänger in den Saal,
warf Fips die Groschen ins Gesicht:
»Den Dank, Ritter, begehr ich nicht!
Du bist ein Geizhals! Bist verrucht!«
und ging. Das war des Sängers Flucht.

Schlussfolgerung:
Man gebe Sängern für die Lieder
nie zu viel Geld. Sonst komm'n sie wieder.

Ritter Fips und der Magere

Es war bekannt, dass Ritter Fips
zwar Kraft besaß, doch wenig Grips,
denn fragte man ihn was beim Quiz,
nie wusste er dann, was es is'!

Da so was peinlich ist auf Reisen,
war Dr. Hadubrand zu preisen,
der, äußerst mager von Figur,
ab nun stets mit dem Ritter fuhr.

So konnte diesem bei Turnieren,
bei geistigen, nicht viel passieren,
denn machte er sich etwas dünn,
stak Hadu mit im Panzer drin
und konnte so auf alle Fragen
die Antwort leis von hinten sagen!

Schlussfolgerung:
Man muss sich notfalls jemand mieten,
hat man an Geist selbst nichts zu bieten.

Ritter Fips und die Mandeln

Fips – nur um den kann sichs hier handeln!
erkrankte schwer an seinen Mandeln,
weshalb er bat, wenn auch nicht gerne,
dass man die Dinger ihm entferne.

Herr Dr. Stips, der zuständig
für Leiden war, die inwendig,
gab erst einmal, wie früher stets,
Fips einen Schlag auf dessen Dez,
griff dann zu dem Skalpell, dem blanken,
und operierte unsren Kranken.
Seitdem sah man nur ohne Mandeln
Herrn Fips durch die Gemächer wandeln.

Schlussfolgerung:
Warum sich mit den Mandeln quälen?
Man siehts ja nicht, wenn sie dir fehlen.

Ritter Fips und das Wagenrennen

An manchen hohen Feiertagen
bestieg Herr Fips den Zweiradwagen
und rief: »Ihr Rosse, vier und feurig!
Trabt los! Zu meinem Sieg euch steur ich!«

Und hui!, schon flog das Renngespann
mit Peitschenknall und Rittersmann
durch Wald und Wiesen, Feld und Flur,
und alles staunte: »Wie Ben Hur!«
Er traf auch stets als Erster ein
kein Wunder, er fuhr ja allein!

Schlussfolgerung:
Gibt Pferden man eins hinten drauf,
beschleunigen sie vorn den Lauf.

Ritter Fips und der Zweikampf

Es zog ein reicher Kaufmannssohn
mit Spezerein und Munition
vorbei an Ritter Fipsens Schloss,
was diesen überaus verdross!
Drum kam Fips, vollgetankt mit Bier,
(doch roch mans nicht, weil das Visier,
wie stets bei ihm und bei Gefahr,
bis untenhin geschlossen war)
dem Kaufmannssohn auf schnellsten Wegen
nicht freundlich zwar – aber entgegen.

Der Kampf – denn jeder wollte siegen!
fand statt auf Brechen und auf Biegen,
und nur durch Stellen eines Beins
verlor der Kaufmann null zu eins
und schließlich auch sein Haupt als solches
durch einen scharfen Schnitt des Dolches!

Schlussfolgerung:
Es lohnt sich keinen Hut zu tragen,
endet der Mensch bereits beim Kragen.

Ritter Fips und das Team

Lag Ritter Fips im Bett und schlief –
sein Schlaf war, wie man wusste, tief!–,
befand am Ende von dem Bett
sich stets ein Trio, ein Terzett,
und dies bestand aus gutem Grund
aus *Eule, Sittich* und dem *Hund.*

Die Eule – Wunder der Natur! –
sah alles gut im Dunkeln nur,
drum war ihr Nutzen nicht gering,
falls jemand nachts durchs Zimmer ging.

Der Sittich – das erstaunte jeden! –
vermochte wiederum zu reden.
Und machte ihn die Eule wach,
so dachte er nicht lange nach,
nein, er rief gleich: »Hier spricht der Sittich!
Nun bell mal, blöder Hund, ich bitt dich!«
Und schon ertönte – man war baff! –
ein aufgeregtes »waff-waff-waff«.

Und der Effekt? In Eile nahm
der Feind den Weg, auf dem er kam …

Schlussfolgerung:
Die Teamarbeit ist, siehe oben,
stets zu empfehlen und zu loben.

Ritter Fips und sein Sekretär

1
Herr Fips gehörte zu der Sorte
von Rittern, denen manche Worte,
wenn sie dieselben schreiben sollten,
nicht richtig von der Feder wollten.

So hielten beispielsweise diese
kaum stand der strengen Expertise:
Triumph und Trumpf! Fips konnt die beiden
Vokabeln schwer nur unterscheiden:
Mal schrieb er *Trumph* mit p und h,
mal stand *Triumpf* mit pf da.

Das wurmte ihn. Drum suchte er
und fand bald einen Sekretär,
der – und nicht diese Wörter bloß
ganz deutlich schrieb und fehlerlos.

Schlussfolgerung:
Ein Sekretär ist auch noch jetzt
– und seis als Möbel – hoch geschätzt.

2

An einem Morgen sprach Herr Fips
zu seinem Sekretär: »Da, tipp's!
Das hab ich heute Nacht erdacht
und mühsam zu Papier gebracht.
Dann heft es in ein Heft hinein,
es soll meine *Laudatio* sein!«

Und wie dies Machwerk nun gewesen,
ist hier im Folgenden zu lesen:
Eine Laudatio
auf den Ritter Fips von Fipsenstein
vom Ritter Fips von Fipsenstein.

Ich bin der gute Ritter Fips,
bins selbst und höchstpersönlich!
Mein Aug ist blau, mein Schwert ist scharf,
an mir ist nichts gewöhnlich!
Ich kam zur Welt und bin nun hier
zum Essen und zum Trinken!
Am liebsten trink ich helles Bier –
und ess am liebsten Schinken!

Ich bin der treue Ritter Fips
voll Sanftmut und voll Güte!
Dass ich mal tu, was sich nicht schickt,
das kommt nicht in die Tüte!

Den Reichen nehm ich Geld und Blut,
hab manchen schon begraben –
den Armen aber bin ich gut,
weil die ja doch nichts haben!

Ich bin der edle Ritter Fips,
bin stolz, gerecht und mutig!
Und nur, wenn ich sehr wütend bin,
nur dann gerat in Wut ich!
Nach Heldentaten steht mein Sinn
und auch nach klugen Werken!
Dass ich ein bisschen dämlich bin,
das ist fast nicht zu merken!

Schlussfolgerung:
Man sollte selber was verfassen
über sich selbst, wenns andre lassen.

Ritter Fips und ein Wochenprogramm

Am *Montag,* noch auf weicher Daune,
litt Ritter Fips an schlechter Laune.
Das war an sich nicht ungewöhnlich:
Den andern Rittern ging es ähnlich.

Am *Dienstag*morgen war der Ritter
bei Nachbarsleuten Babysitter.
Das Kind war siebzehn und hieß Magda –
Herr Fips blieb gleich den ganzen Tag da.

Am *Mittwoch* zählte er mit Mühe
auf einer Wiese seine Kühe.
Dann legte er sich müde nieder
ins Gras und sah auch Magda wieder.

Am *Donnerstag* saß Fips im Garten
und spielte dort mit Magda Karten,
wobei ihm bald ein Nullspiel glückte,
weil er geschickt die Dame drückte.

Am *Freitag* gabs, was Fips nicht mochte,
gebratne Fische und gekochte,
drum schlich er sich mit leerem Magen
zu Magda, wo die Schinken lagen.

Am *Samstag* ritt auf stillen Wegen
ins Grüne er – und das bei Regen,
erfreute sich an Flor- und Fauna
und dann an Magda in der Sauna.

Am *Sonntag* ging, für alle Fälle,
der Ritter in die Schlosskapelle.
Er kniete, dachte nach und lag da
doch das natürlich ohne Magda.

Schlussfolgerung:
Man soll stets gut den Werktag nutzen –
und sonntags seine Seele putzen.

Ritter Fips und der Dichter

Damit's nicht hieße »Fips der Doofe«,
war meistens ein Poet am Hofe,
der musste, wollte er auch bleiben,
für seinen Herrn Gedichte schreiben;
und abends dann, beim Kerzenscheine,
las Fips sie vor, als sei'n es seine!

Schlussfolgerung:
Das, was man so als Dichter schreibt,
vergeht entweder oder bleibt.

Ritter Fips und seine Läuterung

Herr Fips gehörte, wie Sie ahnen,
zum edlen Stamme der Germanen,
die immer riefen: »Niemals – nie!
Wir sind die diejenigen, die ...!«
Macht, Ruhm und Geld sahn sie im Traum noch,
und arbeiteten sie, dann kaum noch –
im Gegenteil: Aus alten Quellen
weiß man, sie lagen meist auf Fellen
und tranken Bier, das schäumend gelbe ...
Herr Fips tat ganz genau dasselbe!
Doch eines Tags – das war ein Ding!
geschah es, dass er in sich ging
und sprach: »Wie ist das Leben stur!
Ab heute trink ich Dunkles nur!«

Schlussfolgerung:
Den andern zur Erheiterung
dient stets die eigne Läuterung.

Ritter Fips und das Blutbad

»Ha«, rief Herr Fips, »was kann es schaden,
ich tu das auch mal: Ich geh baden!
Füllt mir die Wanne, seid so gut,
mit frischem, warmem *Drachenblut!*
Dann bin ich« – (was in aller Mund war) –
»genau wie Siegfried *unverwundbar!*«

Ein Trog wurde herbeigeschafft,
den füllte man mit Drachensaft,
denn Drachen gabs zu der Epoch
in jeder Menge, noch und noch!
Als nun Herr Fips dem Bad entstieg
(vor Augen schon den großen Sieg!),
da merkte unser Rittersmann:
Er hatte noch die Rüstung an …

Schlussfolgerung:
Wer baden geht, egal in was,
der tue unbekleidet das.

Ritter Fips im Winter

Der Ritter Fips bemerkte bald:
Wenn Winter ist, dann ist es kalt,
drum war sein Harnisch, was von Reiz war,
von Kopf bis Fuß im Innern heizbar.

So schritt er durch die Stadt-, doch litt er,
rief man: »Da kommt der warme Ritter!«

Schlussfolgerung:
Nur wer im Kalten sitzt, der weiß es,
was es bedeutet: etwas Heißes!

Ritter Fips und sein Ende

Der edle Ritter Fips war eines
Tags voll des süßen, roten Weines,
worauf er – oh, sein Kopf wog schwer! –
in einen Sarg kroch. Der war leer.
Hier legte er sich rücklings nieder
und schloss den Deckel und die Lider –
nicht überlegend, dass im Off*
es ihm gebrach an Sauerstoff.
Da dieser für die Atmung wichtig,
verschied Herr Fips. Er lag gleich richtig.

Schlussfolgerung:
Man soll in keinen Sarg sich legen,
will man nur kurz der Ruhe pflegen.

---

* »*Off* « *ist dem Englischen entnommen und bedeutet »Aus«, im
übertragenen Sinne auch »Abseits«. Doch diese beiden deutschen
Wörter reimen sich nur schlecht auf »Sauerstoff«. Der Verfasser
bittet bei den nicht anglophilen Lesern um Nachsicht – wegen der
Verfremdung deutscher Lyrik.*

Ritter Fips und sein anderes Ende

Es stand an seines Schlosses Brüstung
der Ritter Fips in voller Rüstung.

Da hörte er von unten Krach
und sprach zu sich: »Ich schau mal nach!«,
und lehnte sich in voller Rüstung
weit über die erwähnte Brüstung.

Hierbei verlor er alsobald
zuerst den Helm und dann den Halt,
wonach – verfolgend stur sein Ziel –
er pausenlos bis unten fiel.
Und hier verlor er durch sein Streben
als Drittes nun auch noch das Leben,
an dem er ganz besonders hing – – –!

Der Blechschaden war nur gering …

Schlussfolgerung:
Falls fallend du vom Dach verschwandest,
so brems, bevor du unten landest.

In vier Zeilen

In nur vier Zeilen

In nur vier Zeilen was zu sagen
erscheint zwar leicht; doch es ist schwer!
Man braucht ja nur mal nachzuschlagen:
Die meisten Dichter brauchen mehr …

Zu kurz

Kaum, dass auf diese Welt du kamst,
zur Schule gingst, die Gattin nahmst,
dir Kinder, Geld und Gut erwarbst –
schon liegst du unten, weil du starbst.

Wandspruch

Die Arbeit ist oft unbequem,
die Faulheit ist es nicht, trotzdem:
Der kleinste Ehrgeiz, hat man ihn,
ist stets der Faulheit vorzuziehn!

Die Starlets

Jetzt weiß ich endlich auch, wieso
sie Köpfe haben! – Soll ichs sagen?
Sie brauchen dann das viele Stroh
nicht in der Hand zu tragen!

Nichts

»Gott hat die Welt aus *Nichts* gemacht«,
so steht es im Brevier,
nun kommt mir manchmal der Verdacht,
er macht sich *nichts* aus ihr …

Zwang

Du musst dich zu sehr vielen Dingen,
willst du sie tun, geradzu zwingen!
Trotzdem wirkt das – was dir gelungen –
oft zwingend leicht und ungezwungen.

An einen jungen Journalisten

Das Schreibenlernen, das begannst
du früh schon zu betreiben;
und doch – obwohl du schreiben kannst –
kannst du bis heut nicht »schreiben«!

Erfreulich

Es ist gewiss viel Schönes dran
am Element, dem nassen,
weil man das Wasser trinken kann!
Man kanns aber auch lassen – – –

Zu spät

Die alten Zähne wurden schlecht,
und man begann, sie auszureißen,
die neuen kamen grade recht,
um mit ihnen ins Gras zu beißen.

Der Fels

Wenn dir ein Fels vom Herzen fällt,
so fällt er auf den Fuß dir prompt!
So ist es nun mal auf der Welt:
Ein Kummer geht, ein Kummer kommt …

Abendfrieden

Die Oma murmelt leise vor sich her –
sie spricht mit Opa, doch den gibts nicht mehr …
Im Bettchen nebenan schläft süß das Kind …
Die Mutter strickt … Der Vater spinnt …

Unterschied

Wollen wir doch einmal dieses Thema streifen:
Autoräder sind von *Reifen* –
Lehrer aber, die zu lehren sich bestreben,
sind von *Unreifen* umgeben!

Noch 'n Unterschied

Wir fuhren einst zusammen
tagtäglich mit der »Zehn«,
jetzt fahren wir zusammen,
wenn wir uns wiedersehn!

Der Snob

Sie reichten Weine mir und Bier
und Schnäpse und dergleichen –
dabei könn'n diese Leute mir
nicht mal das Wasser reichen!

Zellen

Das Leben kommt auf alle Fälle
aus einer Zelle.
Doch manchmal endets auch – bei Strolchen! –
in einer solchen.

* * *

Ich wälze nicht schwere Probleme
und spreche nicht über die Zeit.
Ich weiß nicht, wohin ich dann käme,
ich weiß nur, ich käme nicht weit.

* * *

»Ich hol vom Himmel dir die Sterne«,
so schwören wir den Frauen gerne.
Doch nur am Anfang! Später holen
wir nicht mal aus dem Keller Kohlen.

* * *

Voller Sanftmut sind die Mienen
und voll Güte ist die Seele,
sie sind stets bereit zu dienen,
deshalb nennt man sie Kamele.

* * *

Ein Nasshorn und ein Trockenhorn
spazierten durch die Wüste,
da stolperte das Trockenhorn,
und 's Nasshorn sagte: »Siehste!«

* * *

Ich finde solche, die von ihrem Geld erzählen,
und solche, die mit ihrem Geiste protzen,
und solche, die erst beten und dann stehlen,
ich finde solche, Sie verzeihn, zum Kotzen.

* * *

Es soll manchen Dichter geben,
der muss dichten, um zu leben.
Ist das immer so? Mitnichten,
manche leben, um zu dichten.

* * *

Wenn die Opern dich umbrausen
mit Getön,
dann genieße auch die Pausen:
Sie sind schön.

* * *

Manche Dichter gibt es, die be-
nötigen der Sachen vier:
einen guten Reim auf Liebe,
Feder, Tinte und Papier.

* * *

Ich denk nicht gern an jenen Kuss,
den du mir gabst, Helene;
denn wenn ich an ihn denken muss,
dann werd ich müd und gähne.

* * *

Nach Schluss der langen Oper
hörte ich neulich folgende Kritik:
»Was mich an dieser Oper störte,
das war der Schwan und die Musik!«

* * *

Es dürfte keine Steuern geben,
kein Zahnweh, keine Schützengräben,
dann wär auf dieser Welt das Leben
vielleicht noch schöner als wie eben!

* * *

Ich kanns bis heute nicht verwinden,
deshalb erzähl ichs auch nicht gern:
Den Stein der Weisen wollt ich finden
und fand nicht mal des Pudels Kern.

* * *

Man gab uns mancherlei auf Erden:
Zum Denken gab man uns die Stirn,
man gab uns Herz- und Leibbeschwerden,
doch auch den Himmel und den Zwirn.

* * *

Sie dienten mir gerne bei jedem Gedicht,
die Substantive und Verben,
doch heute gehorchen sie mir leider nicht –
ich möchte am liebsten sterben.

* * *

Mal trumpft man auf, mal hält man stille,
mal muss man kalt sein wie ein Lurch,
des Menschen Leben gleicht der Brille:
Man macht viel durch!

Die Nase

Wenngleich die Nas, ob spitz, ob platt,
zwei Flügel – Nasenflügel – hat,
so hält sie doch nicht viel vom *Fliegen;*
das *Laufen* scheint ihr mehr zu liegen.

Die Augen

Die Augen sind nicht nur zum Sehen,
sind auch zum *Singen* eingericht'
wie soll man es denn sonst verstehen,
wenn man von Augen*liedern* spricht?

In Eile

Kaum warst du Kind, schon bist du alt.
Du stirbst – und man vergisst dich bald.
Da hilft kein Beten und kein Lästern:
Was heute ist, ist morgen gestern.

Man nehme

Seit frühster Kindheit, wo man froh lacht,
verfolgt mich dieser Ausspruch magisch:
Man nehme ernst nur das, was froh macht,
das Ernste aber niemals tragisch!

Das wäre schön

Ich glaube, manche junge Frau,
die würd vor Glück zerspringen,
würd ihr der Klapperstorch zum Kind
auch gleich den Vater bringen.

Der kalte Wind

Es wohnt ein Wind in Leningrad,
der pustet kalt,
wer da nicht einen Mantel hat,
der hustet bald.

Die Modistin

Sie zeigt das Neuste der Saison …
Da plötzlich stolpert sie beim Schreiten,
und lächelnd spricht sie: »Oh, pardon,
ich habe *Absatz*schwierigkeiten!«

Bier-Fragment

War ich, wos Bier zu trinken gab,
stell ich die Frage unterwegs mir:
Wenn ich beim Bier geschäkert hab,
bin ich dann wohl ein Schäksbier?

Zu wenig

Ich kenne keine Beine,
die schöner wärn als deine,
deshalb bedaure ich es fast,
dass du nur zweie hast …

Zum Abschied

Versuche tunlichst zu vermeiden, jeden
mit klugem Wortschwall zu benetzen;
denn plötzlich stirbst du und vermagst die Reden,
die du gehalten, nicht mehr in Taten umzusetzen …

An einen von vielen

Als du noch warst, wollt man nichts geben.
Kaum warst du tot, ließ man dich leben!
So ists! – Den höchsten Ruhm erworben
hat man erst dann, ist man gestorben.

Sterne

Liebe Sonne

Nach so vielen Regenwochen
kamst du endlich vorgekrochen,
froh sind Menschen, Tier und Gras!

Schein auf unsre Mutter Erde,
dass sie wieder trocken werde,
liebe Sonne, tue das!

Trockne sie und unsre Tränen
und den Kuckuck, der ganz nass!
Schick uns nach langen Qualen

deines Fehlens alle Strahlen –
und besonders diese netten,
diese ultravioletten!

Liebe Sonne, schein uns was!

Warum der Saturn einen Ring hat

Unter all den Sterngebilden,
die in himmlischen Gefilden
– nachts kann man es deutlich sehen –
sich um uns und mit uns drehen,
unter diesen Sternen allen
wollt es dem Saturn gefallen,
dass er falsche Kreise zog
und ganz eigne Wege flog!

Als der liebe Gott das sah,
sagte er: »Was seh ich da?
Der kreist ja auf andre Weise?!
Na, sein Kreisen zieht noch Kreise!«
Und er rief mit Donnertösen
dem Saturn zu, diesem bösen:
»Sieh hier meine Zornesfalte!!!
Dass im Aug ich dich behalte,
wirst du, gleich und unbedingt,
für die Ewigkeit *beringt!*« –

Jahrelang zankten sich Leute
drüber, was der Ring bedeute –
jetzt erst, durch mein Opus endlich,
wird die Einrichtung verständlich!

Der rötliche Mars und die Venus

Früher zogen Mars und Venus
– wann es war, kann man nur ahnen –
eng beinander und in Liebe
ihre vorgeschriebnen Bahnen.

Plötzlich kam ein fremder Körper,
der sich zwischen beide zwängte
und den Mars von seiner Venus
– oder umgekehrt – verdrängte.

Dieser Fremdling war die Erde!
Und sie machte sich noch breiter,
und der Mars entschwand der Venus
immer weiter, immer weiter.

Und die Sehnsucht nach der Freundin
hat den Mars schon fast getötet;
doch – erblickt er sie von ferne,
sehn wir, wie er noch errötet …

Der ferne Merkur

Du wandelst …
Und handelst?
Falsch oder weise?
Und wie sind deine Preise?
Wer sind deine Kunden?
Wiegst ab du in Pfunden?
Oder gelten auf deiner Straße
andere Maße?

Ach, wüsste mans nur,
lieber Merkur!

Wie ist deine Währung?
Besitzt du auch eine Merkurische Nehrung?
Oder hat man sie dir genommen,
weil sie ein anderer bekommen?

Ach, man wüsste so vieles gern
von dir als Stern!
So ganz intern!
Doch bist du zu fern – – –

Mond über der Stadt

Ich hänge am Himmel und scheine – – –
Was soll ich auch anderes machen? …

Die Stadt ist zu schnell,
zu laut und zu grell – – –
Neulich hielt mich eine ältere Dame
für Lichtreklame!

Wärs nicht so traurig, es wäre zum Lachen …
Manchmal schießt man nach mir; doch die meisten
der weit gereisten
Raketen gehen daneben
und lassen mich leben.
Eben.
Eben kam wieder so eine – – –

Kein Pärchen mehr, das sich in meinem Lichte umschlingt.
Kein Dichter mehr – außer diesem hier –, der mich besingt …
Ich frage mich, was ich hier oben eigentlich soll!
Man nimmt, auch als Vollmond, mich nicht mehr für voll.
Wem soll ich noch leuchten? Wen soll ich bewachen?

Ich hänge am Himmel und scheine –
gar keinen besonderen Eindruck zu machen …

Himmlischer Käse

Der Mond hing neulich oben
wie 'n Camembert,
genauso gelb und schimmlig
und rund wie der.
Doch wie ich heute hinguck,
seh ich, o Schreck,
da ist er gar nicht rund mehr,
ein Stück ist weg.
Es haben sicher Englein
an ihm genascht!
Dass so was Englein dürfen,
das überrascht.

Ode an den Neumond

Scheine wieder, liebe Scheibe!
Bleibe
das, was von dir gewohnt:
Mond!

Wir, die wir dich sehen möchten,
fragen
uns seit Tagen
– oder besser doch – seit Nächten:
»Fürchtest du dich etwa vor den vielen
Projektilen,
die man auf dich unverdrossen
abgeschossen?«

Schön, man traf dich! – Doch wir hoffen,
Mond, du fühlst dich nicht getroffen!

Scheine wieder, liebe Scheibe!
Bleibe!

Wolken

Die Wolken, die vorm Monde ziehn,
verdunkeln ihn,
und auch die Sonne unsrer Breiten
hat mit den Wolken Schwierigkeiten.

Wie soll der *Mensch* nun auf der bösen
Welt kämpfen und Probleme lösen
mit seinem kleinen dummen Hirn,
wenn selbst das göttliche Gestirn,
die *Sonne,* täglich resigniert
und ihren Kampf
verliert
gegen ein bisschen Wasserdampf ...?!

Besinnliches

In eigner Sache

Ich häng oft den Gedanken nach,
die teilweise stürmisch, teils gemach
die Gänge meines Hirns erfüllen.
Doch denken kann ich nur im Stillen.

Im Wald zum Beispiel! Zwischen Bäumen,
dort kann ich dichten, kann ich träumen.
In Gegenwart von Baum und Tier,
da kommen die Gedanken mir.

Allein, inmitten jener Wesen,
die schreiben können und auch lesen,
die lieben können, doch nur hassen,
fällt mir nichts ein, da muss ich passen!

Das Konzert

Frau Fauna und Frau Flora
spiel'n am Pianoforte
vierhändig und nach Noten
»Lieder ohne Worte«.

Frau Fauna hat die Melodie.
Frau Flora rankt sich drumherum.
Der Mensch hört zu und applaudiert.
Und Gott blättert die Seiten um.

Es ist nicht alles Gold, was glänzt

Oft glänzt der Himmel strahlend blau,
und oft glänzt eine Hose,
oft glänzt die Nase einer Frau
vor dem Gebrauch der Puderdose.

Durch Abwesenheit glänzt das Glück!
Durch Bohnern glänzt die Diele –
man rutscht drauf aus und bricht's Genick!
(Zu großer Glanz ist nichts für viele!)

Die Lore

Die Lore fuhr ums Morgenrot
hinab zu ihrer Sohle.
Nach kurzer Zeit kam sie zurück
bis obenhin mit Kohle.

Und gleich drauf fuhr sie wieder los
und holte neue Ware.
Das machte sie tagein, tagaus
und nachts und viele Jahre – – –

Nun ruht sie aus, nach vorn gekippt;
zu Ende ist die Reise.
Fragt nicht nach Dank, nicht nach Gewinn,
sie rostet langsam vor sich hin
auf einem toten Gleise …

Schicksal

Er war ein großer General
und außerdem einsachtzig,
und kams zum Kampf, und er befahl,
dann wendete die Schlacht sich.

Er stürmte immer vorneweg,
selbst gegen schwerste Panzer,
und oft lag er im selben Dreck
wie nebenan der Landser.

Er hat in Afrika geschwitzt,
in Norwegen gefroren.
Er hat dem Feind den Sieg stibitzt,
den Krieg jedoch verloren. –

Er war ein großer General!
Sein Ruhm ging in die Binsen;
man kennt ihn heute nicht einmal
dort, wo er wohnt: in Winsen.

Schüchternheit

Als Kind – zu meiner Eltern Leid –
litt ich an großer Schüchternheit.
Als Gymnasiast dann – farbumbändert –
hatte sich darin nichts geändert.
Auch nach dem ersten Kuss – mit Ellen –
war keine Bessrung festzustellen.
Im Alter erst – beim Kampf ums Leben –
hat sich die Schüchternheit gegeben!

Doch weiß ich: Tritt der Tod herein
und spricht zu mir: »Komm mit, mein Sohn!«,
und führt mich vor des Höchsten Thron,
werd ich wieder ganz schüchtern sein – – –

Langes Wochenende

Nicht alle, aber viele streben
danach, nach Gottes Wort zu leben.

Man geht zur Kirche, liest die Bibel
und weiß dadurch, was gut, was übel,
und ist bemüht von ganzem Herzen,
die Sünde restlos auszumerzen.

Doch *ein* Gebot, trotz Buß' und Beten,
hat man schon öfters übertreten,
und dies Gebot, das man verletzt,
heißt so – von Luther übersetzt –:

»Sechs Tage lang sollst du was tun,
am siebten aber sollst du ruhn!«
An keiner Stelle wird gesprochen
von unseren *Fünf*-Tage-Wochen! –

Klar, dass für jeden frommen Christ
das lange Weekend *Sünde* ist!

Es scheint so

Es scheint so, dass auf dem Planeten,
den wir so gern mit Füßen treten
und ihn dadurch total verderben –
dass also hier nur *Gute* sterben!

Denn: Las man je im Inserat,
dass ein Verblichner *Böses* tat?
Dass er voll Neid war und verdorben
und dass er nun mit Recht gestorben?

Es kann da keinen Zweifel geben:
Die Schlechten bleiben alle leben!

Ein Trauertag

Hunderttausend Menschen strömen
auf die Friedhöfe der Städte.
Die Gedanken gehn nach unten
und nach oben die Gebete.

Vater Staat hat uns befohlen,
heut der Toten zu gedenken –
ihnen Kränze oder Blumen
oder Tränen gar zu schenken!

Vater Staat mischt sich in alles,
selbst in die intimsten Dinge –
als ob der, der wirklich trauert,
nicht auch sonst zum Friedhof ginge …

Schule

Die Schule ist, das weiß man ja,
in erster Linie dazu da,
den Guten wie den Bösewichtern
den Lehrstoff quasi einzutrichtern;
allein – so ists nun mal hienieden:
Die Geistesgaben sind verschieden.

Mit Löffeln, ja sogar mit Gabeln
frisst *Kai* die englischen Vokabeln;
Karl-Heinz hat aber erst nach Stunden
die Wurzel aus der Vier gefunden.

Und doch! *Karl-Heinz* als »dumm« verschrien,
wird Chef – und man bewundert ihn,
und *Kai,* in Uniform gezwängt,
steht an der Drehtür und empfängt
und braucht in Englisch höchstens dies:
»Good morning, Sir!«, und manchmal: »Please!«

Hieraus ersieht der Dümmste klar,
dass der, der »dümmer«, klüger war!

In der Schule drüben

»Sagt mir, ihr lieben Jungs, geschwind,
wer wohl die beiden Großen sind,
die denen, die reich und bezopft,
erfolgreich auf den Busch geklopft?
Die man seit vorigem Jahrhundert
studiert, versteht, liebt und bewundert?
Die wir durch Wort und Bilder kennen?
Wie mögen sich die beiden nennen?!«

????---????

»Ihr wisst es nicht, ihr dummem Bengels?
Die beiden heißen MARX und --- ?!?«
Da meldet sich Hänschen Klein:
»Das könn'n nur *Marx und Moritz* sein!?!«

Feste

Der Karpfen kocht, der Truthahn brät,
man sitzt im engsten Kreise
und singt vereint den ersten Vers
manch wohlvertrauter Weise.
Zum Beispiel »O du fröhliche«,
vom »Baum mit grünen Blättern« –
und aus so manchem Augenpaar
sieht man die Träne klettern.
Die Traurigkeit am Weihnachtsbaum
ist völlig unverständlich:
Man sollte lachen, fröhlich sein,
denn ER erschien doch endlich!

Zu *Ostern* – da wird jubiliert,
manch buntes Ei erworben!
Da lacht man gern – dabei ist ER
erst vorgestern gestorben …

Kreuz und quer

Es sprach der junge Rittersmann:
»Was fang ich bloß zu Hause an?
Knapp, packe Sack und Kisten!
Wir ziehen an das Kriegsgewand
und ziehen aus ins Morgenland
im Namen aller Christen!«

Gesagt, getan! Sowohl der Knapp
als auch der Ritter reisten ab.
Sie reisten und sie reisten!
Sie trafen Regen, Sturm und Blitz;
jedoch im Morgenland die Hitz,
die störte sie am meisten!

Die trugen stolz der Rüstung Zier
und auch den Helm mit dem Visier,
obwohl sie transpirierten.
Und stand die Sonne im Zenit,
dann sangen sie ein frommes Lied –
das half, wenn sie marschierten!

Sie schlugen trotz der Übermacht
des Feindes ihn in einer Nacht
mit Mann und Ross und Wagen!
Es starb so mancher Heidenhund
im heißen Wüstensand aufgrund
der Kirche sozusagen.

Nach siebzehn Monden zogen dann
der Knappe und der Rittersmann
mit Sack und Pack und Kisten
heim ins gelobte Abendland
und zogen aus das Kriegsgewand
und wurden wieder Christen!

Der Wahlredner

Wenn er das Rednerpult betritt
mit kühner Stirn und weitem Schritt,
zieht er zunächst gekonnt kokett
das Manuskript aus dem Jackett
und fängt gleich an, draus vorzulesen,
was ist, was wird und was gewesen.

Doch langsam wird der Redner kleiner,
denn er entdeckt – und nicht erst heute:
vor ihm sitzen zwar viele Leute,
doch hinter ihm – steht keiner …

Pressefreiheit

Donnerstag
Der Wecker weckt, wie üblich, um sieben.

Du hast dir den Schlaf aus den Augen gerieben
und gehst dich waschen, vielleicht sogar baden,
auch eine Rasur kann heute nichts schaden.
Du ziehst dich, leis trällernd, sorgfältig an
und schreitest hinunter, ganz Vater, ganz Mann!
Begrüßt deine Frau, deren Sohn, dessen Schwestern –
du kennst sie ja schließlich noch alle von gestern –,
und so nehmt ihr denn Platz an dem Frühstückstisch. –

Der Kaffee ist warm, die Brötchen frisch.
Das Ei ist weich. – Du schmierst dir gerade
aufs Brötchen erst Butter, dann Marmelade,
da fällt – unter des Sehnervs bewährter Leitung –
dein Blick auf die heutige Morgenzeitung
und liest eine Schlagzeile, so wie diese:

> *Ein neuer Weltkrieg droht!*
> *Es kommt eine Krise!!!*

Kaum hast du das in dich aufgenommen,
schon ist der Kaffee dir hochgekommen!
Das Brötchen bleibt dir im Halse stecken,
und das Ei will nun auch nicht mehr richtig schmecken!
Dein gütiges Vaterlächeln ist jäh erstorben –
kurzum, deine Laune ist gründlich verdorben!
So schleichst du denn, deprimiert und nicht froh,
in dein Büro.

Freitag

Der Wecker weckt, wie üblich, um sieben.

Er hat dich recht roh aus dem Bette getrieben.
Du wäschst dich nur flüchtig und nur, wo es wichtig,
und rasierst dich auch gar nicht so richtig.

Du nimmst am Frühstückstisch Platz in Begleitung
deiner Familie und greifst *schon* nach der Zeitung!
Du überfliegst die erste Seite – und suchst
dann auf der zweiten Seite und fluchst,
weil auch auf der dritten und vierten nichts steht,
wie es mit der Krise denn weitergeht!

Endlich, auf der letzten Seite, ganz hinten,
ganz klein gedruckt und kaum noch zu finden,
liest du dann eine Notiz, so wie diese:

> Es kann keine Rede sein von einer Krise!
> Auch sonst sind keine Gefahren vorhanden,
> wir hatten den Redner bloß missverstanden
> und bitten die Leser, die immer geduldigen,
> auch diesmal die Falschmeldung zu entschuldigen!

Nur zögernd glätten sich deine Falten – – –.
Du trinkst den Kaffee, den inzwischen kalten,
dann nimmst du den Löffel und schlägst deinem Ei
fast zärtlich die kalkige Schale entzwei.
Dann greifst du zum Brötchen und schließlich zur Butter
– dasselbe tuen die Kinder, die Mutter –,
und allmählich zieht im trauten Verein
nun auch der innere Frieden ein.

Die Familie ist glücklich. Du bist es wie sie –
bis morgen früh (?) …

Abendlied

Die Nacht bedeckt die Dächer,
und in dem Aschenbecher
verlöscht die Zigarette.

Es ruhn fast alle Räder.
Der Tag verging wie jeder,
als Glied in einer Kette.

Ich höre Eulen singen
und sehne mich nach Dingen,
die ich so gerne hätte.

Und von dem vielen Sehnen
bekomme ich das Gähnen – – –
gut Nacht, ich geh zu Bette.

Nächstenliebe

Die Nächstenliebe leugnet keiner,
doch ist sie oft nur leerer Wahn,
das merkst am besten du in einer
stark überfüllten Straßenbahn.
Du wirst geschoben und musst schieben,
der Strom der Menge reißt dich mit.
Wie kannst du da den Nächsten lieben,
wenn er dir auf die Füße tritt?!

Depressionen

Gestern war ich noch so fröhlich,
heute hat es sich gegeben.
Gestern schlug ich Purzelbäume,
heute will ich nicht mehr leben.

Solch ein Zustand ist entsetzlich,
mich und meine Umwelt quäl ich;
doch er dauert nicht sehr lange:
Morgen bin ich wieder fröhlich!

Ein Weihnachtslied

Es ist Weihnachten geworden.
Kalter Wind bläst aus dem Norden
und hat Eis und Schnee gebracht.

Doch am Weihnachtsbaum die Kerzen,
die erwärmen unsre Herzen,
und des Kindes Auge lacht.

Und man sieht auf den verschneiten
Straßen weiße Engel schreiten
durch die stille, heil'ge Nacht.

Harte Schicksale

Wer sich mal in die Nesseln setzt,
ist erst erschrocken, dann verletzt,
erhebt sich mühevoll und schreit
nach bessrer Sitzgelegenheit.

Den Nesseln, auch wenn sie schön blühn,
sind weiche Stühle vorzuziehn.
Auf Weichem sitzt man stets apart ...

Nicht weich zu sitzen, das ist hart!

Großmamas Lied

Ich sitze da und stricke Strumpf. –
Und unterm Hause ist ein Sumpf.
Drum steht das Haus nach vorn geneigt,
so wie ein Geiger, wenn er geigt.
Ich seh Musik ganz in der Ferne
und höre über mir die Sterne,
das klingt in meinem Kopf so dumpf.
Ich sitze da und stricke Strumpf. –

An einen Pessimisten

Jede Sorge, Freund, vermeide,
jedes Weh sollst du verachten.
Sieh die Lämmer auf der Weide:
Sie sind fröhlich *vor* dem Schlachten.
Ahnst du nicht, wie dumm es wär,
wären sies erst hinterher?

Perpetuum mobile

Und der Herbststurm treibt die Blätter,
die ganz welk sind, vor sich her,
und es ist so schlechtes Wetter – – –
ach, wenns doch schon Winter wär!
Und es fallen weiße Flocken,
zwanzig Grad sind es und mehr,
und man friert in seinen Socken – – –
ach, wenns doch schon Frühling wär!
Und der Schnee schmilzt auf den Gassen,
und der Frühling kommt vom Meer,
einsam ist man und verlassen – – –
ach, wenns doch schon Sommer wär!
Und dann wird es schließlich Juli,
und die Arbeit fällt so schwer,
denn man transpiriert wie'n Kuli –
ach, wenn es doch Herbst schon wär!
usw. usw.

Ein Nachruf

Du warst ein Musiker und Dichter,
ein Maler und Kaninchenzüchter;
doch trotzdem wars dir nicht gegeben,
den eignen Tod zu überleben. –
Wir wollen nur das eine hoffen,
dass dus dort oben gut getroffen!

Sehnsucht

Ich sehne mich nach einem Häuschen
in Bayern oder an der Spree,
ein Zimmer braucht es nur zu haben,
dazu ein Bad und ein WC.
Im Zimmer würde ich notieren,
was ich beim Baden grad gedichtet,
und im WC würd dann das Machwerk
von mir gleich hinterrücks vernichtet.

Pappis Wiegenlied

Schlafe ein, mein Schätzchen,
und träum von einem Kätzchen,
von Püppchen, bunten Steinchen,
schlafe ein, schlaf, Kleinchen!
Schlafe ein, mein Bübchen,
ein Engel geht durchs Stübchen
ganz leis auf nackten Beinchen,
schlafe ein, schlaf, Kleinchen!
Während nun der gute Mond am Himmel lacht,
sitzt dein Papi hier am Bettchen und bewacht
dich, mein holdes Schätzchen.
Es schlafen schon die Kätzchen,
die Püppchen und die Steinchen,
schlafe ein, schlaf einchen!

Gedanken an der Ostsee

Wie wär die Welt so wunderbar,
umspült vom blauen Meere,
wenn diese Welt, wies einstmals war,
ganz ohne Menschen wäre.
Dann gäbs kein Hoffen, kein Verzicht,
kein Hassen und kein Morden,
und wär bestimmt auch dies Gedicht
nicht hingeschrieben worden.

Drei Bilder

Zwei Bilder hängen, ach, an meiner Wand.
Das eine ist als »Eremit« bekannt,
das andere hingegen
zeigt eine Landschaft nach dem Regen.
Das dritte Bild ist nicht zu sehn,
doch trotzdem ist es wunderschön,
nie würd ich den Verlust verschmerzen:
Das dritte Bild trag ich im Herzen!

Der Pflasterstein

Es liegt ein grauer Pflasterstein
auf der Chaussee, doch nicht allein;
denn wenn allein er läge,
dann läge er im Wege;
doch so, inmitten anderer,
erfreut er alle Wanderer.
Anstatt ihn dankbar nun zu grüßen,
tritt man mit Füßen ihn, mit Füßen …!

Eichhorn

Warum heißt bloß das Eichhorn »Eichhorn«?
Denn weder hinten, geschweige vorn
hat es ein Horn oder dergleichen,
auch sieht man es nicht nur auf Eichen.
Ein Wort erscheint und tritt in Kraft,
sein Sinn jedoch bleibt schleierhaft.
So lässt mich noch etwas nicht ruhn:
Was hat der Mensch mit »Mensch« zu tun?

Das Schloss

Papst Paul war gestorben vor vierhundert Jahren
und ist dann, wie üblich, gen Himmel gefahren.
Und als er dort oben gut angekommen,
da hat er den güldenen Schlüssel genommen.
Es ist ja bekannt, dass früher und itzt
jeder Papst einen Schlüssel zum Himmel besitzt.

Doch siehe, der Schlüssel, der wollte nicht passen.
Der Petrus hat trotzdem ihn eintreten lassen
und sprach (sein Antlitz war bartumrändert):
»Der Luther hat nämlich das Schloss verändert …!«

Hirngespinst

Eine runde weiche Sache
ist das Hirn bei Frau und Mann,
und es ist nicht auszudenken,
was man damit denken kann.
Aber leider kennen viele
nicht den Wert dieser Substanz:
Hilflos gehen sie durchs Leben
wie 'ne Katze ohne Schwanz.

Das große Los

Wie mans auch dreht, wie mans auch nimmt,
das Los ist uns vorausbestimmt.

Wir wissen nicht, was kommt, was geht,
wie mans auch nimmt, wie mans auch dreht.

Wie mans auch dreht und nimmt und zieht,
wir wissen nicht, was uns noch blüht.

Das große Los blüht uns nicht oft,
wie mans auch dreht, nimmt, zieht und hofft.

Wahrheit

Die schlechtesten Bücher sind es nicht,
an denen Würmer nagen,
die schlechtesten Nasen sind es nicht,
die eine Brille tragen.
Die schlechtesten Menschen sind es nicht,
die dir die Wahrheit sagen.

Mein Freund

Er war als Kind oft krank gewesen,
mein Freund, des Grafen Bamm sein Sohn.
Kaum war er von dem Mumps genesen,
bumps, hatte er die Masern schon.
Dann Scharlach, Diphtherie und Pocken,
mal brach er Speise, mal das Bein,
und ging er ohne Schuh und Socken,
so stellte sich gleich Grippe ein.

Die Viren lagen ständig auf der Lauer!
Mein Freund verlor gewaltig an Gewicht.
Er wurde langsam, aber sicher sauer
und starb. – Wer tät das nicht? …

Birnen

Birnen sind die schönsten Früchte,
die ein Denkerhirn erfunden;
denn mit ihrem weißen Lichte
schenken sie uns Tagesstunden
wieder, die wir sonst versäumen –
doch sie stören uns beim Träumen.
Deshalb Schluss, wir drehn am Schalter!

Und die Sonne seines Lebens
sucht der arme graue Falter
in der Finsternis vergebens …

Bilanz

Wir hatten manchen Weg zurückgelegt,
wir beide, Hand in Hand.
Wir schufteten und schufen unentwegt
und bauten nie auf Sand.
Wir meisterten sofort, was uns erregt,
mit Herz und mit Verstand.
Wenn man sich das so richtig überlegt,
dann war das allerhand.

Schal und Rauch

Und der Rauch der Zigarette
kräuselt sich und steigt zur Decke,
und da oben wird er breiter.

Und nun sieht er deinem blauen
Schal so ähnlich, dem ich zürnte,
weil er *das* tat, was du ständig
mir verbotest, nämlich dieses:
dich ganz zärtlich zu umhalsen.

Doch nun ist der Rauch verflogen.
Nichts erinnert an den Schal mehr,
höchstens der Geschmack im Munde,
den ich habe, weil er schal ist.

Die Uhrsache

Die Rathausuhr geht unentwegt,
und immer scheint sie aufgeregt,
weil – ist sie auch schon hochbetagt
sie innerlich die *Unruh* plagt – – –
was sich auf uns dann überträgt …

Flecke

Gott, voller Weisheit, hehr und mild,
schuf uns nach seinem Ebenbild.
Gewiss, wir Menschen sind gescheit,
doch wo ist unsre *Menschlichkeit?*
Erscheint uns jemand edel, groß,
so täuscht das: Er verstellt sich bloß!
Erst wenn er Böses tut und spricht,
zeigt er sein wahres Angesicht! –

Um obiges nun zu beweisen,
lasst alphabetisch uns verreisen,
dann kann man sehn, was so geschah!
Wir fangen vorne an, bei A ! ! !

A (Amerika)
Amerika, du Land der Super-
lative und dort, wo James Cooper
zwar seinen »Lederstrumpf« verfasste,
man aber die Jndianer hasste,
weshalb man sie, halb ausgerottet,
in Reservaten eingemottet,
sich dafür aber Schwarze kaufte,
sie schlug und zur Belohnung taufte,
doch heute meidet wie die Pest,
sie aber für sich sterben lässt
wie beispielgebend stehst du da
für *Menschlichkeit!* O USA!

B (Briten)
Jedoch auch sie, die vielen Briten,
die Schott- und Engländer, sie bieten
für unser Thema *Menschlichkeit*
so manchen Stoff seit alter Zeit!
Nur warens statt Indianer Inder,
die sie ermordeten, auch Kinder;
und ähnlich Schreckliches erfuhren
danach die Iren und die Buren,
die man durch den Entzug des Fetts
verschmachten ließ in den Kazetts!
Jedoch bei Völkern, welche siegen,
wird so was immer totgeschwiegen …

C (Christen)
Dann wäre da, bar jeden Ruhms,
so manche Tat des Christentums,
die, eben wegen seiner Lehre,
am besten unterblieben wäre!
Man denke da zum Beispiel an
Inquisition zuerst und dann
an Waffensegnung mit Gebeten,
um andre Gläubige zu töten!
Auch dieses: lieber Menschenmassen
verelenden und hungern lassen,
statt man Geburtenreglung übe –
auch das zeugt nicht von *Menschenliebe!*

D (Deutschland)
Nun: Wollt ihr, dass im Alphabet
es mit dem D jetzt weitergeht?
Ist es nicht besser, wenn ich ende?
Wascht nur in Unschuld eure Hände
und greift, kraft eigenen Ermessens,
zum güt'gen Handtuch des Vergessens …

Doch hilft das Waschen nicht und Reiben:
Die Flecke bleiben!

Die Attraktion

Altneusandsteinberg ist ein Nest,
das man sonst gern links liegen lässt;
doch sind *Begräbnisse* hier – seit's
die neue Glocke gibt – von Reiz!
Denn durch das *individuelle*
Geläut vom Turme der Kapelle
weiß sie die Besten und die Bös'ten
zu läutern, strafen oder trösten
und durch ihr löbliches Bestreben
den Friedhof quasi zu *beleben*.

Starb, wer nichts war als alt und krumm,
dann macht die Glocke einfach bum.
Doch war der Tote gläubig, fromm,
dann macht sie jubelnd bim-bam-bom!
War der Verblichene ein Schlimmer,
hört man von ihr nur ein Gewimmer.
Doch starb ein Kind und flog gen Himmel,
dann macht sie bummel-bammel-bimmel,
bummel-bammel-bimmel!

Altneusandsteinberg ist ein Nest,
wo man sich gern begraben lässt …

Fünfzig Pfund
Eine altenglische Moritat

»Nein, nicht aus Gold ist dieses Ding …
Ihn schenkte einst ein Zaubrer mir.
Nur Unglück brachte stets der Ring,
doch einen Wunsch erfüllt er dir!
Zieh ihn vom Finger, wenn ich sterbe,
und hüte sorgfältig das Erbe …«

So sprach der Inder und verstarb. –
Aus Indien kam Mister Lone
nun endlich wieder nach New-Sharp
zu seiner Frau und seinem Sohn.
Das Geld war knapp, die Armut stieg …
Der Sohn ging täglich zur Fabrik …–

»Sieh, Frau, dir diesen Ring mal an,
doch schweige, bitte, sag kein Wort,
denn hast du einen Wunsch getan
den Wunsch erfüllt er dir sofort!
Und schon entfuhr es ihrem Mund:
»Ach, hätten wir doch fünfzig Pfund!«

Zu spät! – Der Blick des Mannes ging
verzweifelt und entsetzt zu ihr:
»Nur *Unglück* bringt der böse Ring,
so sprach der Inder doch zu mir!«
»Ach, lieber Mann, denk nicht an den –
von fünfzig Pfund ist nichts zu sehn …!«

»Ja, du hast Recht!« – Der Abend kam,
doch nicht der Sohn. – Beim Abendbrot
erschien sein Chef in Schwarz und nahm
den Hut ab, sprach: »Ihr Sohn ist tot …
Ein Unglücksfall … I'm sorry, und
wir zahlen Ihnen fünfzig Pfund …!«

Auge um Auge

Stundenlanger Regen nieselt,
und es schmerzt schon das Gesäß,
und die Luft ist eingedieselt
durch die vielen LKWs.

Immer weiter! Keine Liebe
kennt man auf der Autobahn!
Wütend beißt sich das Getriebe
und der Mensch durch – Zahn um Zahn …

Anhänglichkeit

Das Kind hängt an der Mutter,
der Bauer an dem Land,
der Protestant an Luther,
das Ölbild an der Wand.
Der Weinberg hängt voll Reben,
der Hund an Herrchens Blick,
der eine hängt am Leben,
der andere am Strick …

Das glückliche Leben

Nein, wir hatten nichts zu rauchen.
Was da rauchte, waren Trümmer.
Und dann rauchten wir Machorka,
und der Hunger wurde schlimmer. –

Doch bald wurde es dann besser.
Wieder rauchten alle Schlote.
Und wir reisten nach Mallorca
mit dem Flugzeug oder Boote.
Und die Häuser wurden größer,
und die Autos wurden länger,
und wir wurden immer fetter
und die Städte immer enger.
Geld gabs viel für wenig Arbeit.
Alles gabs im Übermaße:
Freiheit, Fernsehn, Ferienreisen
und die Toten auf der Straße.

Kinder

Kinder haben es so leicht,
haben keine Sorgen,
denken nur, was mach ich *jetzt*,
nicht, was mach ich *morgen* …?
Kinder haben es so schwer,
dürfen niemals mäkeln
und sich wie der Herr Papa
auf dem Sofa räkeln …

Kinder haben es so leicht,
dürfen immer spielen,
essen, wenn sie hungrig sind,
weinen, wenn sie fielen …
Kinder haben es so schwer,
müssen so viel lernen und,
wenn was im Fernsehn kommt,
sich sofort entfernen …

Kinder haben es so leicht,
naschen aus der Tüte,
glauben an den lieben Gott
und an dessen Güte …
Kinder haben es so schwer,
müssen Händchen geben
und auf dieser blöden Welt
noch so lange leben …

Schimpfe nicht

Schimpfe nicht auf Sozialisten –
oder auf Nationalisten –
oder gar auf Klerikale –
und auch nicht auf Liberale!
Schimpf nicht auf die Kaisertreuen–
oder auf die Neo-Neuen – –
schimpfe nur auf jene, die's
Land regiern, als könnten sie's!

Der Friedhofsgeiger

Immer wenn die Totenglocke
läutete im Dorf, dann griff der
Friedhofsgeiger nach der Geige,
nach dem Bogen und dem Hute.
Und wenn leis der Sarg sich senkte,
stand er geigend an dem Grabe,
und die Trauergäste weinten,
und dann gaben sie ihm reichlich.

Plötzlich und ganz unerwartet
starb der Bäckermeister Wuttke
und der Apotheker Heinrich,
und noch viele andre folgten.
Auch den Volksschullehrer Meinke
trug man feierlich zu Grabe,
dem, so wusste man, nichts fehlte
als die Liebe seiner Schüler.

Niemand aber ahnte, dass der
Bäcker und der Apotheker
und der Lehrer und die andern
keines echten Todes starben,
weil der Friedhofsgeiger ihnen
in der Wirtschaft Gift ins Essen
schüttete, das festzustellen
schwer war für den Arzt des Dorfes.

Und weil in dem kleinen Orte
sonst nur selten welche starben,
gab der Geiger Hilfestellung,
da er von den Toten lebte.
Denn wenn leis der Sarg sich senkte,
stand er geigend an dem Grabe,
und die Trauergäste weinten,
und dann gaben sie ihm reichlich.

Das Wiedersehn

Er hat sich dreimal überschlagen …
Lang war der Sturz und kurz der Schreck …
Im Abgrund lag der schöne Wagen,
und neben ihm lag Mister Black …
Die starren Augen standen offen …
Der Wagen lag auf dem Verdeck …
Black schaute staunend und betroffen:
»Da steht doch mein Freund Taylor? – Jack!!«

»Ja, ich bin Jack! Leidest du sehr?
Wie gehts? Du kannst mir alles sagen!«
»Mein lieber Jack, wie kommst du her,
das muss ich aber wirklich fragen?!
Du fielst vor Jahren doch vom Boot
durch irgendeinen dummen Fehler,
und du ertrankst! *Du bist doch tot ! ! ! ?*«
»Du auch«, erwiderte Jack Taylor …

Letzte Bitte

Der Tag geht nun zur Neige
und leise kommt die Nacht.
Ich danke dir für alles,
was du für mich gemacht.

Du hast mich stets getröstet,
wenn mir was nicht geglückt,
und hast so oft aus Liebe
ein Auge zugedrückt.

Jetzt geht mein Weg zu Ende.
Und leg ich mich zur Ruh,
so falte meine Hände,
und dann nimm deine Hände:
Drück beide Augen zu …

Ganz zuletzt

O wär ich
der Kästner Erich!
Auch wäre ich gern
Christian Morgenstern!
Und hätte ich nur *einen* Satz
vom Ringelnatz!
Doch nichts davon! – Zu aller Not
hab ich auch nichts von Busch und Roth!
Drum bleib ich, wenn es mir auch schwer ward,
nur der Heinz Erhardt …

Noch 'n Abschied

Es gibt so viele Abschiedslieder,
man hört im Funk sie immer wieder.
Meistens singt sie ein Tenor,
mal singt er mit, mal ohne Chor.
Ich hab ein wenig nachgedacht
und auch so 'n Abschiedslied gemacht!
Kehrreim:
Lebe wohl, adieu, auf Wiedersehn,
addio, tjüs, na denn, gehab dich wohl!
Nun hau schon ab! Viel Glück, bleib gesund,
ade, machs gut, bis bald, Mahlzeit, Moin!
Ich kann auch auswärts: au revoir, bye-bye,
arrivederci, oder auch proschtschai!
Nun kommt noch: tschau und servus, na, und jetz'
fehlt nur noch das Zitat vom Götz!

Verzeichnis der Gedichte und Texte

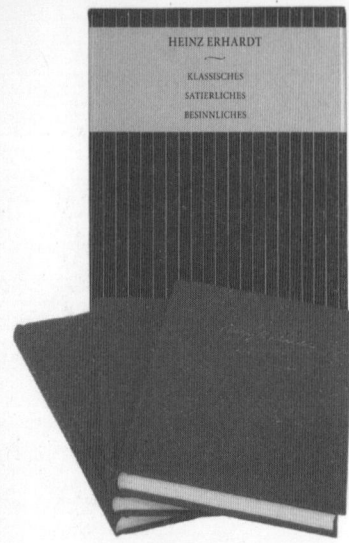

HEINZ ERHARDT FÜR KINDER

Die Geschenkbücher mit Bildern von GERHARD GLÜCK

Ein Nasshorn und ein Trockenhorn

Gedichte von Heinz Erhardt mit Zeichnungen von

Jutta Bauer

ISBN 978-3-8303-3224-4

Warum die Zitronen sauer wurden

Erhardt-Gedichte für Kinder, illustriert von

Christine Sormann

ISBN 978-3-8303-3223-7

Ritter Fips
ISBN 978-3-3803-3183-4

Lach mal wieder!
ISBN 978-3-3803-3122-3

Hauptsache gesund!
ISBN 978-3-3803-3201-5

Alles Liebe!
ISBN 978-3-3803-3203-9

Viel Glück!
ISBN 978-3-3803-3202-2